Anselm Grün

Kleine Gebetsschule

Anselm Grün

Kleine Gebetsschule

Vom spirituellen Leben

HERDER

FREIBURG · BASEL · WIEN

Herausgegeben von Rudolf Walter

© Verlag Herder GmbH, Freiburg im Breisgau 2017
www.herder.de
Alle Rechte vorbehalten

Satz: post scriptum, Emmendingen / Hüfingen
Herstellung: CPI books GmbH, Leck
Umschlaggestaltung: Gestaltungssaal München, Sabine Hanel

Printed in Germany

ISBN: 978-3-451-00667-8

Inhalt

Einleitung 7

1. In der Gebetsschule Jesu 13
 Beten in Bedrängnis 18
 Gefährdung des Betens 21

2. Die Gebetsschule der Psalmen 31

3. Weisen des Betens 39
 Loben 40
 Bitten 43
 Danken 46
 Anbeten 49
 Klagen 54
 Stoßgebete 57
 Das Jesusgebet oder das Herzensgebet 60
 Beten als Tun – Anzünden einer Kerze 63

4. Haltungen und Gebärden des Betens 65
 Orante-Haltung 67
 Offene Hände 70
 Gefaltete Hände 72
 Knien 75
 Stehen 77
 Sitzen 78
 Sich auf den Boden legen 81
 Sich verneigen 83
 Die Hände in der Brustmitte halten 85

Die Hände über der Brust kreuzen   87
Die Hände vor das Gesicht halten   89
Die Hände zum Segen erheben   90
Das Kreuzzeichen   92

5.   Gebet als Begegnung   95

6.   Vorformulierte Gebete in der Tradition   103
Vaterunser   105
Gegrüßest seist du, Maria   109
Rosenkranz   111
Der Engel des Herrn   113
Ehre sei dem Vater   115
Morgengebet   116
Tischgebet   118
Abendgebet   120

7.   Das gemeinsame Beten – die Erfahrung der
   frühen Christen   123
Grundlage der christlichen Gemeinde   124
Fürbitte für andere Menschen   126
Gemeinschaft auch bei Abschied und Trennung   127
Gemeinschaft über die Religionen hinweg   129
Beten zu bestimmten Zeiten   130
Das Beten bringt die Welt in Bewegung   132
Die eigentliche Aufgabe der Jünger Jesu   135
Gemeinsamer Lobpreis Gottes   136

Schluss   139

Literatur   144

Einleitung

Beten – wie geht das? Das ist eine alte Frage. Schon die Evangelisten beschreiben, wie die Jünger Jesus beobachten: Es macht sie neugierig, wie er betet und wieso er ganze Nächte im Gebet verbringt. Einer von ihnen bittet ihn: »Herr, lehre uns beten, wie schon Johannes seine Jünger beten gelehrt hat.« (Lk 11,1) Sie sehnten sich also danach, genauso wie Jesus beten zu können. Sie hatten das Gefühl, dass sie es aus sich nicht könnten. Sie brauchten Anleitung, und sie sind damit nicht allein. Die Sehnsucht, beten zu lernen, durchzieht die Jahrhunderte. Immer noch, bis heute fragen die Menschen: Wie kann ich beten? Wie lerne ich es? Es steckt eine Ahnung in jedem Menschen, dass uns das Gebet guttut. Und zugleich ist da oft auch eine Unfähigkeit, zu beten.

In früheren Zeiten war es selbstverständlich, dass die Menschen gebetet haben. Beten war ein Weg, innere Zuflucht zu finden und seelische Geborgenheit zu erfahren mitten in einer Welt, die oft genug als feindlich erschien, etwa wenn es Hungersnöte gab oder wenn Naturkatastrophen hereinbrachen. Das Gebet war dann ein Anker, an dem sich die Menschen im aufgewühlten Meer ihres Lebens festhalten konnten. In unserer säkular geprägten Kultur, die vom Gedanken der Machbarkeit bestimmt ist, sucht man nach technischen Möglichkeiten, sich vor Naturkatastrophen zu schützen, oder man versucht, zum Beispiel das Hungerproblem durch neue Anbaumethoden schon vorbeugend zu lösen.

Die Betenden müssen sich rechtfertigen für ihr Beten. Doch zugleich entdecke ich bei vielen Menschen heute, denen das Beten abhandengekommen ist, nach wie vor auch eine große Sehnsucht, beten zu können.

Aber auch die frommen Menschen, die gerne beten, erleben oft Zeiten, in denen ihnen das Beten schwer fällt. Sie haben manchmal den Eindruck, an eine Wand hinzusprechen, wenn sie beten. Sie leiden darunter, dass sie keine unmittelbare Resonanz erfahren. Oder sie zweifeln am Sinn und am Realitätsgehalt des Ganzen: Ist es vielleicht doch alles nur Einbildung? Oder ein reines Selbstgespräch? Auch sehr fromme Menschen – wie etwa die heiliggesprochene Mutter Teresa – berichten davon, dass sie manchmal durch eine dunkle Nacht gegangen sind und dass ihnen in dieser Dunkelheit das Beten wie ein Hohn vorkam. Doch trotz ihrer Verzweiflung haben sie am Gebet festgehalten. Sie hatten immer noch die Hoffnung, dass es nicht umsonst ist, dass sie gerade durch das Beten die dunkle Nacht durchschreiten und am Ende des Tunnels ein Licht erblicken könnten.

Manche fromme Menschen, die sich wie Marta im Evangelium (vgl. Lk 10,38–42) für andere Menschen einsetzen, haben ihre Arbeit oft als Gebet verstanden. Ihr Tun war fortgesetzte Antwort auf das Gebet und hat manchmal mehr und mehr auch das Gebet ersetzt. Doch heute sieht die Arbeit für die meisten Menschen anders aus. Sie ist immer stärker technisiert, die Arbeitswelt ist auf Effizienz ausgerichtet und durchgetaktet. Viele erleben die Arbeit als eine Last, unter der sie stöhnen. Wer sie als in erster

Linie als »Entfremdung« (Karl Marx) erfährt, wird kaum noch sagen können oder wollen, seine Arbeit sei Gebet. Für ihn ist das benediktinische »ora et labora – bete und arbeite«, in dem kontemplative Hingabe und aktives Tun die zwei Seiten einer Grundhaltung sind, kaum zu verwirklichen.

Früher sagte man auch: Not lehrt beten. In einer saturierten Wohlstandsgesellschaft, in der die Grundbedürfnisse des Lebens weitestgehend erfüllt sind, hat dieser Spruch an Kraft verloren. Not ruft eher nach staatlicher Hilfe. Freilich: Wenn Menschen in eine existenzielle Krise geraten, weil etwa eine unheilbare Krankheit sie getroffen hat oder sie einen lieben Menschen verloren haben, dann kann eine solche Erfahrung manche Menschen auch heute noch zum Beten führen. Allerdings gibt es auch viele, die sich in einer solchen Erfahrung der Krise erst recht von Gott abwenden. Der Gott, zu dem sie im Gebet Zuflucht nehmen könnten, hat sich als unwirksam erwiesen. Wenn er diese Krankheit, diesen Tod nicht abgewendet hat, warum sollte es dann noch einen Sinn haben, zu ihm zu beten? Gott wird dabei auf der gleichen Ebene gesehen wie soziale Interventionen oder staatliche Hilfsprogramme. Und die Reaktion ist: Augenscheinlich ist das »Hilfsprogramm Gott« unwirksam. Also wendet man sich ab.

Die Frage nach dem Gebet hängt daher mit dem Gottesbild zusammen. Wenn ich Gott vor allem als den ansehe, der in der Not hilft, dann ist dieser Gott leicht zu ersetzen durch die vielen Möglichkeiten, die uns heute

Wissenschaft und Technik anbieten, wenn es darum geht, Probleme zu lösen. Beten heißt aber, sich auf das Geheimnis Gottes einzulassen, über die vorfindbare Wirklichkeit hinauszugehen, um sich für den Gott zu öffnen, der sich nicht einordnet in unsere Welt, sondern sie übersteigt.

Eine andere Beobachtung: Die Gäste, die heute zu uns in die Abtei kommen, sehen, wie wir Mönche fünfmal am Tag gemeinsam beten. Und sie fragen uns auch oft ganz direkt: Wie geht das, beten? Sie wollen, dass wir ihnen erklären, was beten heißt. Oder sie bitten, dass wir ihnen dabei helfen, zu beten. Sie spüren in sich die Sehnsucht nach dem Beten, aber zugleich tun sie sich schwer damit. Jesus hat nach dem Zeugnis der Bibel die Jünger an seiner Erfahrung teilnehmen lassen. Auch ich kann, wenn ich gefragt werde, nur sagen, was ich selbst erfahren habe und nur darüber Auskunft geben, was mir selbst hilft, zu beten.

In dieser kleinen Gebetsschule möchte ich dabei zunächst ausgehen von der Unterweisung, die Jesus seinen Jüngern gegeben hat. Jesus hat seine Jünger nicht abstrakt gelehrt, zu beten. Er hat es den Jüngern in seiner gelebten Praxis vorgemacht, *wie* sie beten können. Gerade der Evangelist Lukas hat uns wie kein anderer Jesus als einen Beter beschrieben. Die Botschaft des Lukas: Wenn wir wie Jesus und mit Jesus beten, dann wachsen wir auch immer mehr hinein in das Geheimnis seines Lebens, dann werden wir ihm ähnlich, dann werden auch wir von seinem Geist erfüllt.

Jesus selbst stand in der jüdischen Tradition des Psalmenbetens. Er hat selbst Psalmen gebetet. Das zeigen uns die Evangelisten vor allem in seiner Passion. Daher möchte ich auch in die Gebetsschule der Psalmen gehen. Wir Mönche singen im Chorgebet ja vor allem Psalmen. Sie sind ein wesentlicher Teil unseres Betens. Ohne die Psalmen zu verstehen, können wir auch unser Beten, wie wir es Mönche pflegen, nicht verstehen.

Ich möchte darüber hinaus einige Weisen des Betens beschreiben wie Danken, Bitten und Loben. Und ich werde Gebärden betrachten, in denen wir beten. Die Gebärden drücken jeweils in einer eigenen »Sprache« wichtige Aspekte des Betens aus. Beten ist ja nicht nur verbalisiertes Sprechen, sondern ist in einem tieferen Sinn dialogisch. Es meint letztlich Begegnung mit Gott. Die Gebärden öffnen uns als ganze Menschen, mit Leib und Seele, für Gott, damit Gottes Geist uns durchdringen kann. In einer solchen Begegnung mit Gott begegne ich immer auch mir selbst. Daher ist Beten immer auch Selbsterkenntnis und Selbstbegegnung. Im Gebet kann ich Gott alles hinhalten, was in mir ist. Ich darf dabei vertrauen, dass Gottes alles in mir verwandelt.

Jesus hat nicht nur in Worten gebetet. Oft war sein Beten einfach Stillwerden vor Gott. Aber Jesus hat die Jünger auch gelehrt, *was* sie beten sollen. Daher möchte ich zum Schluss auch einige Gebete anfügen, die wir häufig beten. Manche tun sich zwar schwer mit vorformulierten Gebeten. Sie meinen, sie würden zur Äußerlichkeit verführen und würden meist doch nur heruntergeleiert. Aber auch tradierte Texte sind ein Teil unseres Betens. Und so möchte ich beschreiben, wie wir mit vorformulierten überlieferten Gebeten umgehen können.

I.

In der Gebetsschule Jesu

Auf die Bitte der Jünger nach einer Gebetsunterweisung antwortet Jesus: »Wenn ihr betet, so sprecht: Vater, dein Name werde geheiligt. Dein Reich komme. Gib uns täglich das Brot, das wir brauchen. Und erlass uns unsere Sünden; denn auch wir erlassen jedem, was er uns schuldig ist. Und führe uns nicht in Versuchung.« (Lk 11,2–4) Jesus zeigt uns also zuerst einmal, *was* wir beten sollen, was der *Inhalt* unseres Betens sein soll. Er hat eine wesentlich kürzere Fassung des Vaterunsers als Matthäus. Aber in diesen wenigen Worten kommt zum Ausdruck, worum es im Beten geht.

Das erste Wort »Vater« zeigt, das Beten immer ein »beten zu« ist. Das drückt auch das griechische Wort aus: »proseuchesthai«. Es ist ein Beten »pros = zu«. Beten ist also kein Selbstgespräch. Im Beten wende ich mich Gott zu. Und dieser Gott wird hier mit »Vater« angesprochen. Das aramäische Wort »Abba« meint den zärtlichen und liebevollen Vater. Es ist eine vertraute Anrede Gottes. »Vater« bedeutet nicht, dass Gott ein männlicher Gott ist. Gott ist zugleich Vater und Mutter. Er ist ein Du, das es gut mit uns meint, das uns Geborgenheit und Halt schenkt. Und das erste Wort besagt: Wir sollen im Gebet aufschauen zu Gott und nicht um uns selbst kreisen.

Die zweite Bitte: »Dein Name werde geheiligt« zeigt einen anderen Aspekt. »Heiligen« bedeutet für die Griechen: dem Zugriff der Welt entziehen. Gott soll im Gebet nicht benutzt werden, damit es mir besser geht, damit mir alle meine Wünsche erfüllt werden, dass ich Erfolg habe. Es geht im Gebet um Gott. Er ist unverfügbar. Wenn Er im Mittelpunkt steht, dann erst komme auch ich in meine Mitte. Das Aufschauen zu ihm macht mich erst zum Menschen. Die Bitte, dass sein Name geheiligt werde, bedeutet für mich: Gott werde als Gott sichtbar. Er möge sich als Gott zeigen, als der heilige Gott, der allen menschlichen Maßstäben entzogen ist, der sich nicht vereinnahmen lässt. Ich soll ein Gespür bekommen für den unverfügbaren, unaussprechlichen, allen Argumenten der Vernunft entzogenen Gott, den Gott, der ein unaussprechliches Geheimnis bleibt.

Aber dann geht es durchaus darum, dass Gott hineinwirkt in die Welt. »Dein Reich komme« meint: Gottes Herrschaft soll sich in der Welt zeigen. Die Welt soll nicht von den Mächtigen beherrscht werden. Sie soll nicht in der Hand der Sünder und Frevler, der Mörder und Terroristen sein. Durch Gott soll die Welt anders werden, heiler werden. Wenn er in der Welt herrscht, dann herrschen darin Gerechtigkeit und Barmherzigkeit, dann geht es den Menschen gut, dann können die Menschen miteinander in Frieden leben. Die Bitte ist aber nicht nur eine subversive politische Bitte, dass Gott herrschen möge und nicht die selbst ernannten Tyrannen dieser Welt. Es ist auch eine mystische Bitte. Denn im Lukasevangelium sagt Jesus auch das Wort: »Das Reich Gottes ist in euch.« (Lk 17,21) Es ist innerlich. Es ist auf der Innenseite unserer Seele: in dem Raum der Stille, den jeder Mensch in sich trägt. Oft ist dieser Raum aber zugestellt durch den Lärm unserer Gedanken oder durch den Lärm dieser Welt. Im Gebet sollen wir in diesen Raum der Stille gelangen, in dem Gott in uns wohnt, in dem Gott in uns herrscht. Dort, wo er in uns herrscht, sind wir frei. Dort haben

Menschen keine Macht über uns. Dort kommen wir zu unserem wahren Wesen. Dort kommen wir in Berührung mit dem unverfälschten und ursprünglichen Bild, das Gott sich von uns gemacht hat.

Die nächste Bitte bezieht sich auf die konkrete Situation jedes einzelnen: »Gib uns täglich das Brot, das wir brauchen.« Wir sind bedürftig. Wir müssen täglich leben. So bitten wir Gott darum, dass wir täglich das haben mögen, was wir zum Leben brauchen. Die Bitte um das tägliche Brot war zur Zeit Jesu existenziell. Denn es gab viele Arme unter den ersten Christen. Die Bitte um das tägliche Brot heißt nicht, dass die Armen nichts für ihren Lebensunterhalt tun müssten. Aber Gott möge ihr tägliches Tun segnen, damit sie dadurch das erwirtschaften können, was sie zum Leben brauchen.

Die nächste Bitte bezieht sich auf die Vergebung der Sünden. »Erlass uns unsere Sünden, denn auch wir erlassen jedem, was er uns schuldig ist.« Die Vergebung unserer Sünden befreit uns von unseren ständigen Schuldvorwürfen und Schuldgefühlen. Und sie befähigt uns, nun auch den Menschen um uns herum zu vergeben. Die Vergebung ist die Bedingung dafür, dass wir miteinander leben können. Das Gebet – so versteht es Lukas – will uns dazu führen, frei zu werden von unseren ständigen Bewertungen und Zweifeln, ob das, was wir getan haben, gut genug ist. Aber zugleich will uns das Gebet auch zur Gemeinschaftsfähigkeit führen. Ein Gebet ist nicht nur etwas ganz Privates. Es soll uns befähigen, gut miteinander zu leben.

Die letzte Bitte: »Führe uns nicht in Versuchung« meint, dass Gott uns davor bewahren möge, in eine Versuchung zu geraten, die uns überfordert. Oder wie das griechische Wort »peirasmos« auch meint: Verwirrung. Gott möge uns vor der Verwirrung bewahren, in der wir nicht mehr wissen, was gilt und was nicht gilt. Er möge uns klarer sehen lassen, wie wir leben sollen. Gerade diese Bitte ist heute, da uns so viele Lebensmöglichkeiten angeboten werden, eine Hilfe, die Orientierung nicht zu verlieren. Im Gebet sollen wir erkennen, was der Sinn unseres Lebens ist.

Die Worte, die Jesus seine Jünger lehrt, zeigen schon, wie Jesus das Beten versteht. Nun zeigt er uns auch in zwei kleinen Gleichnissen, in welcher Haltung wir beten sollen. Wir sollen zu Gott sprechen wie zu einem Freund, dem wir alles sagen können. (Lk 11,5–8) Gott ist nicht der ferne und unbegreifliche, sondern ein Gott der Nähe, den wir ansprechen dürfen wie einen Freund, dem wir auch lästig fallen dürfen. Und wir sollen zu Gott sprechen wie zu einem Vater. Ein Vater wird seinem Sohn keine Schlange geben, wenn er ihn um einen Fisch bittet. (Lk 11,12) Gott ist also wie ein Vater, wie eine Mutter, die für ihre Kinder sorgt und ihnen das gibt, was sie brauchen. Gott wird aber nicht einfach alles geben, worum wir bitten. Denn wir bitten ja oft genug auch um unwichtige Dinge, die uns gar nicht guttun würden. Unsere Wünsche sind oft infantil. Der Vater im Himmel wird »den Heiligen Geist denen geben, die ihn bitten«. (Lk 11,13) Was wir eigentlich zum Leben brauchen, damit unser Leben gelingt, das ist der Heilige Geist. Er stärkt uns, er ist die Quelle, aus der wir schöpfen können, ohne je erschöpft zu werden. Und er verwandelt uns mehr und mehr, so dass wir Jesus immer ähnlicher werden.

Beten in Bedrängnis

Jesus unterweist die Jünger im Gebet auch durch das Gleichnis vom gottlosen Richter und der Witwe sowie durch die Beispielerzählung vom Pharisäer und vom Zöllner. Das Gleichnis von der Witwe hat die Situation der Bedrängnis im Blick. Wenn wir bedrängt werden, so sagt Jesus, sollen wir nicht aufgeben, sondern wie die Witwe im Gebet darum ringen, dass wir recht bekommen, dass unser Leben wieder richtig werde.

Lukas erzählt uns im Gleichnis von dieser Witwe, die von einem Feind bedrängt wird und sich in ihrer Not an den Richter wendet, er solle ihr Recht verschaffen. Doch der Richter, der Einzige, der ihr helfen kann, hat keine Lust dazu. Nur weil sie so hartnäckig ist, hilft er ihr schließlich doch. Die Witwe kann als Typos, als Bild für uns selbst verstanden werden: Auch wir werden oft bedrängt von Feinden. Wir fühlen uns hilflos, etwa wenn wir gemobbt werden oder andere schlecht über uns reden. Dann können wir entweder jammern oder – so empfiehlt es Lukas – unsere Zuflucht zum Gebet nehmen. Die Frau, die den Mann verloren hat, ist Bild für Menschen mit einer dünnen Haut, die schutzlos den Emotionen ihrer

Umgebung ausgesetzt sind. Alles Negative ihrer Umwelt dringt in sie ein. Gerade Menschen, die sich von andern verletzt oder verfolgt fühlen, können also im Gebet Zuflucht finden. In der Nähe Gottes erfahren sie, dass auch sie ein Recht auf Leben haben. Und im Gebet entdecken sie den Ort, in dem Gott in ihnen selbst wohnt. Dort kann niemand sie verletzen. Dort können sie aufleben.

Man kann dieses Gleichnis aber auch anders deuten. In der Mythologie steht die Frau oft für die Seele, für den inneren Bereich des Menschen, für die Ahnungen seiner göttlichen Würde. Die Feinde stehen für die Lebensmuster, die uns am Leben hindern, für unsere Schwächen, die uns zu schaffen machen, und für die Wunden, die uns das Leben geschlagen hat. Der Richter, der sich weder um Gott noch um die Menschen kümmert, symbolisiert das Über-Ich, die innere Instanz, die uns klein machen möchte, die kein Interesse an unserem Wohlergehen hat. Ihr geht es nur um Normen und Prinzipien. Die Seele soll stillhalten und sich zufriedengeben mit dem, was sie vorfindet. Das Gebet aber gibt der Seele recht. Es bestätigt unsere inneren Ahnungen von unserer unantastbaren Würde, von unserer Einmaligkeit. Das Gebet bringt die lärmenden Stimmen des Über-Ichs und der feindlichen Lebensmuster zum Schweigen.

Die scheinbar machtlose Frau kämpft für sich. Sie geht immer wieder zum Richter und fordert ihn auf: »Verschaff mir Recht gegen meinen Feind!« (Lk 18, 3) Der Richter führt ein Selbstgespräch, das typische Stilmittel griechischer Komödien: »Ich fürchte zwar Gott nicht und nehme auch auf keinen Menschen Rücksicht; trotzdem will ich dieser Witwe zu ihrem Recht verhelfen, denn sie lässt mich nicht in Ruhe. Sonst kommt sie am Ende noch und schlägt mich ins Gesicht.« (Lk 18, 5) Das griechische Wort heißt hier wörtlich: »unters Auge schlagen, blau schlagen«. (Heininger 202) Der Zuhörer mag schmunzeln, wie dieser mächtige Richter Angst vor der schwachen Witwe hat, die ihm ein blaues Auge verpassen könnte. Doch gerade mit diesem Selbstgespräch des Richters bewegt Lukas den Leser, dem scheinbar so schwachen Mittel des Gebetes zu trauen. Es hat mehr Macht als alle äußeren Machthaber. Im Gebet bekommt der Mensch sein Recht. Er hat ein Recht auf Leben, ein Recht auf Hilfe, ein Recht auf Würde. Im Gebet dürfen wir erleben, dass die Menschen keine Macht über uns haben. So wie die Mörder über den betenden Jesus am Kreuz nicht triumphieren konnten, so haben auch die, die uns bedrängen, keine Macht über uns. Wenn wir die Witwe als Bild für die Seele nehmen, dann heißt das: Im Gebet erfahren wir, dass die Seele mehr Recht hat als die Stimmen des Über-Ichs, die uns klein halten möchten. Im Gebet blüht die Seele auf. Da bekommt sie Flügel. Da kommen wir in Berührung mit unserem wahren Selbst, mit dem ursprünglichen Bild Gottes von uns, mit dem Glanz, den Gott uns verliehen hat. Die Welt kann das Bild Gottes in unserer Seele nicht trüben oder gar zerstören.

Gefährdung des Betens

Nach dem Gleichnis von der Frau und dem Richter bringt Lukas ein Beispiel mit einem Mann als Beter. Das ist typisch für Lukas. Er ist der Überzeugung, dass er von unserer Beziehung zu Gott und von Gott als Vater und Mutter nur angemessen sprechen kann, wenn er es sowohl vom Mann als auch von der Frau her tut. Bei der Frau legt er den Akzent auf das Kämpfen und Nicht-Aufgeben, beim Mann auf die Demut. Er weiß von den Gefährdungen männlicher und weiblicher Spiritualität. Die Frau gibt zu leicht auf. Der Mann ist in Gefahr, das Gebet zu missbrauchen, um sich über andere zu stellen. Daher muss er in die Schule des Zöllners gehen und nicht der Gefahr der Pharisäer erliegen, die das Gebet benutzen, um sich besser zu fühlen als die anderen, die keine Ahnung von Spiritualität haben.

Lukas erzählt uns von zwei verschiedenen Betern. Ein Pharisäer geht in den Tempel und betet. Der Pharisäer steht für den frommen Menschen. Und dann kommt ein Zöllner; Zöllner galten damals als Sünder, weil sie zu eng mit den Römern zusammenarbeiteten. Und der Umgang mit Geld galt sowieso schon als Sünde für die damaligen Frommen. Lukas schildert sehr eindrücklich die verschiedenen Gebetsweisen des Frommen und des Sünders. Er entlarvt das Beten des Frommen und rechtfertigt die Art, wie der Zöllner betet.

Das Beten des Pharisäers ist eine fromme Selbstbespiegelung. Der Pharisäer kreist nur um sich selbst. Lukas stellt uns in diesem Gleichnis zwei Weisen des Gebetes vor Augen: das Gebet des selbstgerechten Pharisäers und das Gebet des demütigen Zöllners. Schon rein äußerlich sind die Gebete des Pharisäers und des Zöllners verschieden. Während das Gebet des Pharisäers lang ist, zeichnet sich das des Zöllners durch Kürze aus. Die Vorbereitung auf das Gebet ist dagegen beim Pharisäer kurz. Er stellt sich einfach hin und fängt an zu beten. Der Zöllner aber bleibt hinten stehen, wagt nicht aufzusehen und schlägt sich an die Brust. Er drückt sein Gebet vor allem mit dem Leib aus. Der Pharisäer betet zwar, aber eigentlich spricht er nur über sich selbst. Er benutzt Gott dazu, sich selbst ins rechte Licht zu stellen. Es geht ihm nicht um Gott, sondern um die eigene Selbstgerechtigkeit. Im Griechischen heißt es wörtlich: »Er betete zu sich selbst.« Er benutzt zwar das Wort: »Gott, ich danke dir, dass ich nicht wie die anderen Menschen bin.« (Lk 18,11) Doch eigentlich benutzt er Gott, damit er seinen langen Monolog anhört. Nicht der Beter will Gott dienen, sondern Gott soll ihm dienen, seiner Selbstbestätigung, seiner Selbstbeweihräucherung. Er schaut nicht auf zu Gott, sondern nur auf sich selbst. Viele Fromme meinen, sie beteten zu Gott. Aber sie bleiben bei sich. Sie beten zu sich selbst. Sie beten sich selbst an. Sie missbrauchen das Gebet, um ihre eigene Größe darzustellen, um sich vor Gott und vor den Menschen ins rechte Licht zu rücken.

Der Zöllner dagegen spürt seinen Abstand zu Gott. Er wagt gar nicht, zu Gott aufzuschauen. Denn er spürt, dass er Gott seine Wahrheit hinhalten muss. Und vor Gott erkennt er, wer er in Wirklichkeit ist, dass er an sich selbst und an Gott vorbeigelebt hat. So schlägt er sich an die Brust, um auszudrücken, dass er bereit ist, umzukehren, und betet: »Gott sei mir Sünder gnädig!« (Lk 18,13) Er erkennt, dass er nicht alles wieder gutmachen kann, was er in seinem Leben an Unrecht getan hat. So vertraut er sich der Gnade und Barmherzigkeit Gottes an. Er glaubt an die Gnade Gottes, die auch ihm gnädig ist, die auch ihn bedingungslos annimmt, obwohl er sich selbst als unannehmbar erlebt. Jesus gibt nun selbst seinen Kommentar zu diesen beiden Weisen des Betens. Der Zöllner geht aus seinem Gebet als Gerechter nach Hause. Er hat vor Gott seine eigene Wahrheit erkannt und sie ihm voll Reue hingehalten. Der Pharisäer dagegen hat Gott nur für seine eigene Selbstdarstellung benutzt.

Nur das Gebet, in dem wir uns schonungslos Gott hinhalten, wird uns auf Gott hin ausrichten und gerecht machen. Und dann gibt Jesus die Regel für ein christliches Beten an: »Jeder, der sich selbst erhöht, wird erniedrigt werden; wer sich aber erniedrigt, wird erhöht werden.« (Lk 18,14) Wer das Gebet dazu missbraucht, sich über andere zu stellen, wird gezwungen, sich seinen Schattenseiten zu stellen, hinabzusteigen in die Tiefe seines Herzens, in der er all den Unrat seiner Seele erkennt. Wer aber vor Gott den Mut hat, hinabzusteigen in seine eigene Menschlichkeit, wer sich vor Gott der eigenen Wahrheit stellt, der wird von Gott aufgerichtet, der darf als Sohn oder als Tochter aufrecht und gerechtfertigt vom Gebet nach Hause gehen.

Lukas erzählt uns viele Situationen, in denen Jesus gebetet hat. Ich möchte diese Situationen als Bilder dafür sehen, was auch in unserm Beten geschehen könnte. Jesus lehrt die Jünger also nicht nur durch Worte, sondern auch durch sein Vorbild. Er selbst ist der große Beter. Und die Jünger sollen in seine Schule gehen. Die Bilder, mit denen Lukas das Beten Jesu beschreibt, zeigen uns nicht nur, wie man betet, sondern auch was es bewirken könnte, wenn wir in der gleichen Intensität beten wie Jesus.

Jesus betet bei seiner Taufe: »Während er betete, öffnete sich der Himmel, und der Heilige Geist kam sichtbar in Gestalt einer Taube auf ihn herab, und eine Stimme aus dem Himmel sprach: Du bist mein geliebter Sohn, an dir habe ich Gefallen gefunden.« (Lk 3,21 f) Das ist ein schönes Bild für die Wirkung des Gebetes. Wenn wir beten, öffnet sich über uns der Himmel. Im Gebet kommt der Heilige Geist auf uns herab und stärkt uns für unsere Aufgabe. Und wir erfahren im Gebet, dass wir bedingungslos von Gott geliebt sind. Im Gebet erkennen wir, wer wir eigentlich sind. Im Gebet erfahren wir uns als Gottes geliebte Söhne und Töchter. Da erfahren wir die Zusage, dass Gott uns bedingungslos liebt.

Als Jesus einen Aussätzigen heilte und die Menschen von überall herbeiströmten, zog er »sich an einen einsamen Ort zurück, um zu beten« (Lk 5,16). Das Gebet ist ein Schutzraum, in den wir uns zurückziehen dürfen, um vor dem Lärm der Welt und vor den Erwartungen der Menschen geschützt zu sein. Wie Jesus sollen wir uns das Gebet gönnen als einen einsamen Ort, an dem wir allein mit Gott sind. Das Gebet befreit uns von dem Druck, immer für andere tätig sein zu müssen. Es zeigt uns, wo wir geben und wo wir nehmen sollen. Im Gebet nehmen wir uns die Zeit, um in der Begegnung mit Gott wieder mit uns selbst in Berührung zu kommen. Ohne das Beten sind wir in Gefahr, uns immer mehr zu verausgaben.

Bevor Jesus aus seinen Jüngern zwölf Apostel auswählte, »ging er auf einen Berg, um zu beten. Und er verbrachte er die ganze Nacht im Gebet zu Gott«. (Lk 6,12) Das Gebet befähigt uns zu guten Entscheidungen. Anstatt uns vor wichtigen Situationen, Gesprächen oder Entscheidungen den Kopf zu zerbrechen, was wir alles bedenken sollen und ob wir alles richtig machen, könnte das Gebet uns helfen, zur Ruhe zu finden und klarer zu sehen. Im Gebet sehen wir die Entscheidungen in einem größeren Kontext. Wir halten sie Gott hin und trauen dem eigenen Gefühl, das im Gebet in uns auftaucht, dem Gefühl von Ruhe und Stimmigkeit.

Vor dem Messiasbekenntnis des Petrus betet Jesus in der Einsamkeit. (Lk 9,18) Erst nach dem Gebet stellt er den Jüngern die entscheidende Frage, für wen sie ihn halten. Im Gebet kommen wir an die Fragen heran, auf die alles ankommt. Aber das Gebet ist für Jesus auch eine gute Vorbereitung, seine Jünger in das Geheimnis seines Leidens und ihres Weges der Kreuzesnachfolge einzuweisen. Nach dem Gebet weist er sie in das Geheimnis seiner Nachfolge ein: Wer sein Jünger sein will, der soll sich selbst verleugnen und täglich sein Kreuz auf sich nehmen.

Nur Lukas erzählt vom Beten Jesu bei seiner Verklärung. »Während er betete, veränderte sich das Aussehen seines Gesichtes, und sein Gewand wurde leuchtend weiß.« (Lk 9,29) Im Gebet kommen wir in Berührung mit unserem wahren Wesen. Da fällt alles Oberflächliche

weg. Die Masken zerbrechen, hinter denen wir uns verste-
cken. Verklärung heißt, dass das Eigentliche durchscheint,
unsere ursprüngliche Schönheit. Der Glanz Gottes, der
in uns ist, strahlt aus unserem Gesicht. Wir erkennen,
dass wir die Herrlichkeit Gottes sind. Allerdings lässt sich
diese Gebetserfahrung nicht festhalten. Sie entschwindet
uns immer wieder. Eine Wolke verdunkelt wieder unseren Blick und wir müssen allein mit der Erinnerung an
diese Lichterfahrung zurück in das oft genug neblige Tal
unseres Alltags.

Den Höhepunkt von Jesu Beten schildert uns Lukas
in der Passion. Am Ölberg betet Jesus und ringt mit dem
Willen Gottes. Da erscheint ihm ein Engel vom Himmel
und stärkt ihn. Beten ist also nicht immer nur Erfahrung
von Frieden. Es kann auch ein schmerzliches Ringen um
den Willen Gottes sein. Aber Gott schickt dem Beter
seinen Engel, um ihm neue Kraft zu geben. Aber der
bewahrt Jesus nicht vor der Todesangst. Aber gerade in
seiner Angst betet er noch inständiger. (Lk 22,44) Diese
Szene des Gebetes am Ölberg erzählt Lukas vor dem Hin-
tergrund der Not, die viele mit dem Gebet haben, heute
wie damals. Im Gebet erleben wir oft Dunkelheit. Wir
haben den Eindruck, dass unser Beten ins Leere geht. Es
nützt nichts. Es tut sich nichts. Gott verbirgt sich, scheint
zu schweigen. Weil wir nicht zu Gott vordringen, geht
es uns oft genug wie den Jüngern. Wir schlafen ein. Unser Gebet schläft ein. Und Jesus muss uns wachrütteln:
»Steht auf und betet, damit ihr nicht in Versuchung gera-
tet.« (Lk 22,46) Wir werden wie Jesus in die gleichen Bedrängnisse geraten, in Einsamkeit, Angst, Verlassenheit,

in Not und Leid. Das Gebet ist für uns der Weg, wie Jesus die Versuchungen zu bestehen und auch in der höchsten Bedrängnis an Gott festzuhalten.

Das Gebet am Ölberg gibt Jesus offensichtlich die Kraft, den Weg der Passion durchzustehen. Es schenkt ihm das Vertrauen, dass er auch im Tod nicht aus Gottes guter Hand fallen kann. Jesus Gebet gipfelt in seinem Beten am Kreuz. Am Kreuz hängend betet Jesus nicht nur für sich, sondern für seine Mörder: »Vater, vergib ihnen, denn sie wissen nicht, was sie tun.« (Lk 23,34) Wenn wir für die Menschen beten, die uns verletzt haben, müssen wir uns nicht zur Vergebung zwingen. Vielen fällt es schwer, anderen zu vergeben. Doch wenn wir für ihn beten, dann wächst in uns die Haltung der Vergebung wie von selbst. Wir halten den andern in Gottes Barmherzigkeit hinein und können ihm auf diese Weise anders begegnen.

Jesus stirbt mit einem Gebetswort auf den Lippen. Es ist ein Vers aus Psalm 31, dem jüdischen Abendgebet. Zur gleichen Zeit, in der die frommen Juden mit dem Psalm 31 beten: »In deine Hände lege ich meinen Geist«, betet Jesus am Kreuz dieselben Worte. Aber Jesus fügt in den Psalmvers das Wort »Vater« ein. Er spricht selbst im Sterben den Vater als den lieben und zärtlichen Vater an. In die liebenden Hände seines Vaters legt er seinen Geist. Im Tod kehrt er zum Vater zurück. Das Beten verklärt sein Sterben. Trotz aller Grausamkeit hält Jesus das Gebet durch und bleibt so mitten in seiner größten Not in Beziehung zu Gott. Ja, die Beziehung zu Gott befreit ihn von der Macht der Menschen. Selbst seine Mörder können nicht über ihn triumphieren. Das Gebet hebt ihn in eine andere Welt hinauf, in die die Schreie seiner Henker nicht dringen können. Das Gebet begleitet Jesus also von Beginn seines Wirkens an bis zu seinem Ende am Kreuz. Es zeigt, wo Jesus seinen wahren Halt gefunden hat. Und es offenbart, dass Jesus aus der Kraft des Gebetes seinen Weg auch durch die größte Bedrängnis des Todes hindurch gehen konnte, weil über allem Leid der Himmel offen stand und er sich mit dem Vater eins wusste.

Auch unser Beten gipfelt letztlich in der Ergebung in Gottes liebende Hände. Jeden Abend lassen wir uns in Gottes gute Hände fallen und üben so unser Sterben ein. Im Tod werden wir nicht in ein grausames Dunkel hinein sterben, sondern in die liebenden Arme Gottes. Das Gebet ist die Einübung, uns immer wieder in Gottes Hand zu bergen, auch in der Einsamkeit und Not, und gerade auch im Sterben. Ich vertraue mich den guten Händen Gottes an. Ich glaube, dass ich in Gottes zärtlichen Händen geschützt, getragen, geborgen bin.

Wenn wir die Gebetsschule Jesu, wie sie uns das Lukasevangelium aufzeigt, nochmals und zusammenfassend reflektieren, so erkennen wir: Das Gebet ist für Lukas der Weg, das eigene Leben aus dem Glauben heraus zu meistern, bedrängte Situationen durchzustehen. Das Gebet hilft uns, Entscheidungen zu treffen. Es gibt uns Geborgenheit und gewährt uns Schutz. Und es relativiert die Welt mit all ihren Ansprüchen an uns. Im Gebet kommen wir in Berührung mit unserer eigenen Mitte, mit dem inneren Raum, zu dem die Welt keinen Zutritt hat. Das Gebet ist zugleich Einübung in ein gutes Leben und in ein gutes Sterben. Und das Gebet gibt uns die Gewissheit, dass wir in jeder Situation unseres Lebens in Gottes guten Händen sind. Und es ermutigt uns, alles, was uns in unserem Alltag beschäftigt, Gott hinzuhalten und Gott vorzutragen. Das verwandelt unser Leben und erfüllt es immer mehr mit dem Geist Jesu, der ein heilender und ermutigender Geist ist.

2.

Die Gebetsschule der Psalmen

Im Kanon der Bibel gibt es ein eigenes Buch »Die Psalmen«. Dort sind 150 Psalmen gesammelt, die im Zeitraum von 1000 bis 300 vor Christus entstanden sind. Diese Psalmen sind das eigentliche Gebetbuch der Juden. Da gibt es viele Lobpsalmen, Wallfahrtspsalmen, Danklieder. Der größte Teil der Psalmen enthält aber Klagen. Das ganze menschliche Leben mit seinen Nöten und Plagen wird vor Gott gebracht. Rainer Maria Rilke meint, der Psalter sei »eines der wenigen Bücher, in denen man sich restlos unterbringt, mag man noch so zerstreut und ungeordnet und angefochten sein«. Die Psalmen laden uns ein, alle Regungen der Seele vor Gott auszudrücken. Und wenn ich sie bete, kann ich erfahren: Indem ich meine Gefühle, auch meinen Ärger, meine Wut, meine Verzweiflung, meine Enttäuschung vor Gott ausdrücke, wandeln sich die Gefühle.

Viele tun sich heute schwer mit den Psalmen. Die Gäste in unserem Gästehaus fragen mich etwa immer wieder, warum in den Psalmen soviel von den Feinden und Frevlern die Rede sei. Es sei für sie kein frommes Gebet, wenn Gott etwa gebeten werde, er solle die Feinde oder Frevler vernichten. Ich versuche dann zu erklären, dass wir die Feinde und Frevler nicht wörtlich nehmen dürfen, sondern als Bilder für Kräfte, die uns schaden wollen. Es können äußere oder innere Mächte sein, die uns abhalten wollen von einem Leben mit Gott. Für mich sind die Psalmen auch in diesen Passagen existenzielle Fürbitten für Menschen, die von seelischen Nöten bedrängt werden. Und ich versuche zu erklären, wie ich selber die Psalmen bete: immer als Ausdruck der Gefühle, die in mir sind und durch die Psalmen in mir ans Licht wollen. Und ich bete die Psalmen auch als Fürbitte für andere. Die Psalmen schildern mir in drastischen Bildern, wie es heute vielen Menschen geht. Indem ich diese alten Texte bete, fühle ich mich mit diesen Menschen heute verbunden und bekomme Hoffnung für sie, dass Gott auch ihr Schicksal wende.

Psalmen sind Gedichte. Gedichte bewirken etwas in uns. Sie nehmen uns hinein in eine Sprache, die in uns etwas in Bewegung bringt. Gedichte informieren uns nicht über einen Sachverhalt, sondern sie sprechen unser Herz an und rufen in unserem Herzen das hervor, was der Dichter selber erfahren hat. Die Gedichte der Psalmen bringen Erfahrungen zum Ausdruck, die fromme Männer und Frauen mit Gott und mit ihrem eigenen Leben gemacht haben.

Gedichte sprechen in Bildern, in denen wir uns selbst wiedererkennen können. Gedichte haben eine überzeitliche Sprache. Sie bieten uns Bilder an, in denen wir die eigenen Erfahrungen zum Ausdruck bringen können. Und die Bilder bringen uns in Berührung mit den Emotionen und Haltungen, die oft unbewusst auf dem Grund unseres Herzens schlummern. Wenn ich einen Sehnsuchtspsalm bete wie den Psalm 63, dann komme ich in Kontakt mit der Sehnsucht, die in meinem Herzen ist, von der ich aber oft genug abgetrennt bin. Jeder von uns trägt in sich Vertrauen und Angst. Wir haben immer zwei Pole in uns. Aber oft ist nur die Angst in uns wirksam. Mir ist das Bild vor Augen, wie Jesus im Seesturm das aufgewühlte Wasser beruhigt (vgl. Mk 4,35–41): Das Vertrauen liegt wie Jesus schlafend im Boot unseres Herzens, das von den Stürmen des Lebens beunruhigt ist. Wir spüren nur Angst. Wenn ich einen Vertrauenspsalm bete, dann bringt er mich in Berührung mit dem Vertrauen, das in mir ist. Durch die Worte der Psalmen schafft Gott in mir Vertrauen. Er lockt es aus mir hervor.

Manche meinen, die Psalmen seien in einer alten Sprache gehalten, die mit unserem Leben nichts mehr zu tun habe. Doch die Bilder der Psalmen sind wie die Bilder aller Gedichte zeitlos. C. G. Jung spricht von archetypischen Bildern, die zu allen Zeiten alle Menschen bewegen. Die Bilder vom Hirten, der mich auf eine gute Weide führt, vom Wasser, das mir bis zum Hals reicht, vom Feind, der mich bedrängt, drücken Erfahrungen aus, die unabhängig sind von der Zeit, in der der Beter lebt. Auch wenn wir heute nicht mehr in einer Agrargesellschaft leben wie die Menschen vor dreitausend Jahren, so berührt das Bild des Hirten in uns etwas. Archetypische Bilder berühren uns aber nicht nur, sie bringen auch etwas in Bewegung. Sie haben eine heilende Wirkung. Sie sammeln unser zerrissenes Ich und führen es zur Einheit. Sie heilen die verborgenen Wunden. In den Bildern der Psalmen bringen wir unser eigenes Leben zum Ausdruck, so wie wir es heute erfahren. Und zugleich bewirken diese Bilder in uns Heilung und Befreiung.

Die Literaturwissenschaft nennt die dichterische Sprache eine angereicherte Sprache. Wenn wir die Psalmen heute beten, so sind sie bereits angereichert mit all den Erfahrungen, die seit dreitausend Jahren die Beter mit diesen Gedichten gemacht haben. Sie sind vor allem angereichert mit der Erfahrung Jesu, der diese Psalmen als frommer Jude täglich gebetet hat. Manche Psalmen erinnern mich an bestimmte Heilige, die von diesen Versen gelebt haben. Und sie erinnern mich an manche Mitbrüder, für die dieser oder jener Psalmvers besonders wichtig war. All diese Menschen haben in den Worten der Psalmen ihre Sehnsucht nach Gott ausgedrückt. Die Psalmen haben ihnen geholfen, auf ihrem Pilgerweg immer an Gott festzuhalten und an den täglichen Konflikten nicht irrezuwerden. Sie haben ihre Not und ihren Schmerz in den Psalmen Gott hingehalten. Jetzt sind sie bei Gott. Und sie beten jetzt im Himmel die gleichen Psalmen, mit denen wir heute unsere Anfechtungen und Sehnsüchte ausdrücken. So haben wir im Psalmenbeten Anteil an all denen, die mit diesen Psalmen ihren Weg in die ewige Herrlichkeit gegangen sind.

Der hl. Augustinus hat die Psalmen vor allem als Gebet Jesu verstanden. Jesus hat schon als Kind in der jüdischen Schule Psalmen auswendig gelernt. Die Evangelien schildern uns, wie er nach dem Paschamahl die vier Hallelpsalmen mit den Jüngern betet. Und die ersten drei Evangelien legen Jesus am Kreuz Psalmworte in den Mund. Jesus hat – so berichten uns Matthäus und Markus – offensichtlich am Kreuz den ganzen Psalm 22 gebetet. Nach Lukas hat er den Psalm 31 gebetet, das Abendgebet der frommen Juden. Wenn ich diese beiden Psalmen bewusst mit Jesus am Kreuz bete, so kann ich mich einfühlen in sein Ringen am Kreuz, in seine Verlassenheit und zugleich in sein Vertrauen, trotz aller Ausweglosigkeit doch in Gottes guten Händen zu sein.

Wenn wir die Psalmen als »vox Christi«, als Stimme Christi, verstehen, dann bekommen sie für uns eine neue Bedeutung. Dann haben wir beim Psalmenbeten Anteil an den Erfahrungen, die Jesus hier auf Erden mit den Menschen und mit seinem Gott gemacht hat. Dann spüren wir seine Auseinandersetzung mit dieser in sich verhärteten Welt, und wir spüren seine Sehnsucht, wieder beim Vater zu sein, geborgen in der Liebe seines göttlichen Vaters. Die Psalmen führen uns dann ein in die Spiritualität Jesu. Im Beten erfahren wir Jesus als den frommen Juden, der mit Gott ringt, und als den Sohn Gottes, der dennoch ganz und gar als Mensch fühlt und empfindet, der angefochten ist, der klagt und jubelt, vertraut und sich ängstigt, der sich mit allen seinen Gefühlen und Anfechtungen in Gott hinein birgt.

In den ersten Jahrhunderten war aber noch eine andere Weise des Psalmenverständnisses lebendig. Viele Psalmen wurden als Beschreibung von Jesu Sieg am Kreuz empfunden. So der berühmte Vers in Psalm 3: »Ich legte mich nieder und entschlief, und ich stand wieder auf, denn Gott richtete mich auf.« In ihm sah man den Tod Jesu am Kreuz und seine Auferstehung ausgedrückt. Ähnlich interpretierte man den Psalm 91 als Worte über Jesus. Wenn es da heißt, »du schreitest über Löwen und Nattern, trittst auf Löwen und Drachen«, so verstand man das als Beschreibung von Jesu Tod am Kreuz. Da hat er den Löwen und Nattern den Kopf zertreten. Da hat er endgültig gesiegt über die Macht des Satans. Wenn der Christ in diesen Psalmversen den Sieg Jesu verkündet, dann hat er Anteil an Christus. Gemeinsam mit ihm – darauf vertraut der Beter – wird er den Sieg erringen, den Christus, das Haupt der Gläubigen, schon vor ihm erlangt hat. Beide Weisen, die Psalmen zu verstehen, zeigen, dass sie uns zu Christus führen. Sie künden von Christus und wir sprechen sie gemeinsam mit Christus zum Vater.

Wer sich schwertut mit dem Beten, der kann versuchen, laut und langsam einen Psalm zu sprechen. Manche Worte werden ihm auch da schwerfallen. Er muss sie auch nicht alle verstehen. Aber vielleicht spürt er dann, dass manche Verse genau seine Situation beschreiben. Psalm 23, den Psalm vom guten Hirten, versteht jeder sofort als Beschreibung seiner Situation. Auch der Vertrauenspsalm 91 kann als Abendgebet das Herz des Beters unmittelbar ansprechen. Wenn ich laut diese Verse lese, dann spüre ich, wie sie unübertroffen meine Beziehung zu Gott und mein Vertrauen auf ihn ausdrücken. Die fremden Worte werden dann meine persönlichsten Worte.

Darin besteht die eigentliche Kunst des Psalmenbetens, dass die fremden Worte unsere eigenen Worte werden. Johannes Cassian meint, wir sollten die Psalmen so beten, als wären sie nicht vom Propheten gedichtet, sondern als hätten wir sie als unser eigenes Gebet aus uns selbst hervor gebracht. Wir sollen im Beten gleichsam die eigenen Verfasser des Psalms werden. Johannes Cassian schlägt uns vor, die Worte der Psalmen nicht als etwas von außen Gehörtes hinzunehmen, »sondern wie etwas Bekanntes zu betasten; und es nicht wie etwas dem Gedächtnis Anvertrautes, sondern wie ein unserer Natur Einwohnendes aus innerer Herzensregung zu gebären«. Es ist eine interessante Erfahrung, die Cassian mit dem Psalmengebet gemacht hat. Ich versuche, dieser Erfahrung nahe zu kommen, indem ich mir vorstelle, dass die Worte der Psalmen jetzt meine tiefsten Gefühle, Emotionen, Leidenschaften, Sehnsüchte und mein Vertrauen ausdrücken, dass es meine eigenen Worte sind, die ich selber gar nicht besser formulieren könnte.

3.

Weisen des Betens

Auch in der spirituellen Tradition des Christentums gibt es die verschiedenen Arten des Betens: Bitten, Danken, Loben, Anbeten, Klagen. Alle Weisen, wie wir mit Menschen sprechen, dürfen wir auch Gott gegenüber praktizieren. Wir dürfen ihm alle Befindlichkeiten, alle Gefühle, die in uns sind, ausdrücken: Trauer und Freude, Zerknirschung und Hochgefühl, unsere Wünsche nach Hilfe, aber auch unseren Dank und unser Loben. Und Beten kann auch zur Klage werden, in der wir unsere negativen Gefühle vor Gott nicht verbergen. Indem wir alle Gefühle ausdrücken, alle Situationen ins Gebet nehmen dürfen, verwandeln sie sich. Ich gehe aus der Klage, aus der Bitte und aus dem Danken immer verwandelt heraus. Das Gebet bewirkt etwas in mir, indem ich meine Emotionen vor Gott zur Sprache bringe. Es verwandelt meine Gefühle, es verwandelt aber auch meine Haltung vor Gott.

Loben

Wir haben heute kaum noch ein Gespür für das Loben. In unserer Welt voller Leid können wir zu Gott nur noch schreien, vor ihm klagen oder ihn bitten. Aber wie sollen wir Gott loben, da doch so viele Menschen leiden? Die Bibel sieht es ganz anders. Zur Zeit, in der die biblischen Texte entstanden sind, gab es sicher genauso viel Leid wie heute. Und dennoch sieht die Bibel als die wichtigste Aufgabe des Menschen, dass er Gott lobt. Wenn wir Mönche am Morgen um 5.00 Uhr die Vigil beten, beginnen wir sie mit einem dreimaligen Vers: »Herr, öffne meine Lippen, damit mein Mund dein Lob verkünde.« Das Gebet ist vor allem Lob. So praktizieren es auch die Juden, die ihr Achtzehnbittengebet mit der gleichen Formel aus Psalm 51,17 beginnen wir wir Mönche. Immer wieder beginnen die Juden ihr Gebet mit: »Gelobt seist du, Herr, unser Gott und Gott unserer Väter.«

Für die Bibel ist Leben und Loben identisch. Wer nicht mehr lobt, der lebt auch nicht richtig. Er funktioniert nur. Loben heißt: zu Gott aufschauen, mitten in dieser leidvollen Welt die Spuren seiner Schönheit entdecken. Loben hat immer auch mit der Schönheit zu tun. Gott hat die Welt schön erschaffen. Indem wir Gott loben, öffnen sich unsere Augen, um das Schöne in dieser Welt zu sehen. Es gehört zum Wesen des Menschen, dass er zu etwas Größerem aufschaut und es bewundert und preist. Wer nicht loben kann, wird leicht griesgrämig. Er sieht immer nur das Negative. Sinclair Lewis hat diese Erkenntnis einmal so ausgedrückt: »Loben ist nichts als hörbar gewordene innere Gesundheit«. Der Snob, so meint er, habe immer und überall etwas auszusetzen. Wer die Dinge lobt, wer sich an ihnen freuen und seiner Freude Ausdruck verleihen kann, der kann sie auch genießen, der ist gesund.

Im Loben erkennen wir, dass wir nicht Schöpfer der Welt sind, sondern Geschöpfe. Und die Aufgabe der Geschöpfe ist es, ihren Schöpfer zu loben. Dem autonomen Menschen der Neuzeit ist das Gespür dafür abhandengekommen. Er erfährt sich als »homo faber«, als Macher.

Er fühlt sich selbst als Schöpfer und blickt voll Stolz auf seine eigenen Werke. Schaffen, etwas leisten, sich in seinem Werk selbst verwirklichen, das erscheint ihm wichtiger als das nutzlose und überflüssige Loben des Schöpfers. Im Loben tritt uns eine andere menschliche Grundhaltung entgehen. Es ist die empfangende und ehrfürchtige Haltung eines Menschen, der sich selbst und sein Leben als Geschenk, als Gnade erlebt.

Mich hat noch ein anderes Wort über das Loben berührt. Henri J. M. Nouwen, der holländische Theologe und Psychologe, hat sich sieben Monate in ein Trappistenkloster zurückgezogen, weil er hoffte, dort von seinen depressiven Verstimmungen frei zu werden. Doch als er wieder im Alltag zurück war, holten ihn seine traurigen Gefühle wieder ein. Da schreibt er im Nachwort seines Buches über den Aufenthalt bei den Trappisten: »Klöster baut man nicht, um Probleme zu lösen, sondern um Gott mitten aus den Problemen heraus zu loben.« Loben ist keine Flucht vor den Problemen, weder vor meinen persönlichen Problemen, noch vor den Problemen der Welt. Ich lobe Gott vielmehr mitten aus den Problemen heraus, im vollen Bewusstsein all der Notlagen dieser Welt. Aber ich gebe die Fixierung auf die Probleme auf. Ich schaue aus der Not heraus auf Gott. Ich richte meine Augen auf zum Himmel, wie es der Psalmist sagt. Und ich lobe Gott, obwohl es mir noch nicht gut geht. Aber indem ich Gott lobe, spüre ich, wie sich meine Probleme relativieren. Als Cellerar ist es mir oft so ergangen. Nach einem Tag voller Sorgen und Probleme war mir gar nicht danach zumute, Gott zu loben. Aber wenn ich mich dann auf das Loben

Gottes eingelassen habe, sind manche Sorgen einfach zusammengeschmolzen. Sie waren unbedeutend angesichts des Gottes, der die ganze Welt so schön und wunderbar gestaltet hat. So tut es auch uns gut, Gott immer wieder zu loben, nicht um vor der Realität unseres Lebens zu fliehen, sondern um sie in einem neuen Licht zu sehen.

Bitten

In Gesprächen höre ich manchmal den Einwand: Es hat doch gar keinen Sinn, Gott um etwas zu bitten. Er weiß doch schon alles! Ich brauche ihn nicht zu bitten. Natürlich: Gott braucht durch mein Bitten nicht an mich erinnert zu werden. Ich darf darauf vertrauen, dass er an mich denkt. Aber mir tut es gut, mich mit all meinen Bedürfnissen und Sorgen und Nöten an Gott zu wenden. Ich bin nicht alleingelassen mit meiner Not. Ich darf Gott um das tägliche Brot bitten. Ich darf ihn um Gesundheit und um eine gute Prüfung bitten. In einer solchen Bitte bekenne ich meine Bedürftigkeit. Und sie auszusprechen ist ein Zeichen der Demut: Ich habe mit mir nicht genug. Es ist nicht schon alles gut. Ich wünsche mir, dass ich mein Leben besser schaffe, dass Gott mich stärkt in meiner Arbeit, dass er mich tröstet in meiner Trauer, dass er meinen Schmerz verwandelt. Natürlich weiß ich, dass Gott nicht einfach meine Probleme löst. Er nimmt mir nicht einfach die Krankheit weg. Aber ich darf vertrauen, dass mein Bitten nicht ungehört verhallt. Und ich darf vertrauen, dass die Bitte mich selbst verwandelt. Indem ich meine Bedürftigkeit und Angewiesenheit auf Hilfe in der Bitte ausdrücke, fühle ich mich schon nicht alleingelassen. Ich darf mich an Gott wenden. Ich habe einen Ansprechpartner, der mich hört. Schon allein diese Erfahrung tut mir gut.

Wir bitten nicht nur für uns selbst, sondern auch für andere Menschen. Auch mit dem Fürbittgebet haben viele Menschen Schwierigkeiten. Greift Gott wirklich ein, wenn ich für einen anderen Menschen bete? Natürlich wissen wir nicht, wie Gott auf unser Gebet reagiert. Aber wir können die psychologische Wirkung des Fürbittgebets beobachten. Wenn ich für einen anderen Menschen bete, der in Not ist, dann fühle ich mich mit diesem Menschen verbunden. Und das Gebet stärkt meine Hoffnung für diesen Menschen. Manchmal fällt mir dann ein, was ich diesem Menschen sagen oder schreiben könnte. Wenn ich diesem Menschen mit größerer Hoffnung begegne, dann wird es ihn schon verwandeln. Die Begegnung wirkt stärkend und heilend auf ihn.

Ich weiß von vielen Menschen, dass es ihnen guttut, wenn ich oder wenn andere ihnen versichern: Ich bete für Dich. Sie fühlen sich getragen von Menschen, die an sie denken, die bei Gott für sie Fürbitte einlegen. Das Fürbittgebet ist wie ein Netz, das sie trägt in ihrer Not. Und schon dieses Gefühl des Getragenseins stärkt sie in ihrer Not oder in ihrer Krankheit.

Manche beklagen sich bei mir: Ich habe so viel gebetet, dass Gott mir endlich meine Depression wegnimmt, aber mir geht es immer noch nicht besser. Ich habe so viel für meine an Krebs erkrankte Mutter gebetet, aber sie ist trotzdem gestorben. Das Gebet ist keine Garantie, dass Gott die Depression wegnimmt oder die Krankheit heilt. Das Gebet will mich selbst verwandeln. Ich soll mich mit meiner Ohnmacht Gott hinhalten. Dann fühle ich mich in meiner Ohnmacht von Gott getragen. Und ich kann Gott fragen, was er mir mit meiner Depression, mit meiner Krankheit sagen möchte. Dann kann sich in mir eine Wandlung vollziehen in der Beziehung zu meiner Depression und Krankheit.

Ich kann Gott auch durch noch so viele Gebete nicht zwingen, das zu tun, was ich gerne von ihm möchte. Am Ende jedes Gebetes steht immer auch der Satz, den Jesus nach seiner Bitte, Gott möge ihn mit dem Kreuzestod verschonen, gebetet hat: »Aber nicht wie ich will, sondern wie du willst.« (Mt 26,39) Und unser Gebet mündet immer wieder in die Vaterunserbitte: »Dein Wille geschehe!« Gott um etwas zu bitten, ist immer auch ein Ringen mit Gott. Ich bitte ihn inständig und leidenschaftlich, dass er meinen Wunsch, meine Bitte, meine Sehnsucht erfüllt. Aber ich ringe auch mit Gott, wenn meine Bitte nicht in Erfüllung geht. Dann versuche ich wie Jesus am Ölberg, mich in Gottes Willen zu ergeben, in der Hoffnung, dass sein Wille nicht willkürlich ist, sondern letztlich meinem Heil und dem Heil der Menschen dient. Dieses Ringen mit Gott verwandelt mich. Ich erkenne auf einmal, dass ich Gott nicht dazu benutzen kann, alle meine Wünsche zu erfüllen. Im Ringen mit Gott erkenne ich, worauf es eigentlich ankommt, dass ich mich auf diesen manchmal unbegreiflichen Gott einlassen und bei aller Unbegreiflichkeit und Dunkelheit trotzdem darauf vertrauen darf, dass ich und die Menschen, für die ich bete, nicht aus der guten Hand Gottes fallen können.

Oft dürfen wir erfahren, dass unser Gebet hilft. Aber wir dürfen dann, wenn unser Beten für einen andern nichts bewirkt, niemandem Schuld zuweisen. Manche sagen dann: Mein Gebet hat dir nicht geholfen, weil du zu wenig glaubst. Wenn ich so etwas sage, vermittle ich dem anderen ein schlechtes Gewissen. Es liegt nicht an uns, ob unser Beten eine sichtbare Hilfe bringt. Es ist immer ein Geschenk Gottes, wenn jemand durch unser Gebet wieder gesund wird. Wir dürfen dann an das Wunder glauben, aber immer mit der Demut, dass nicht wir die Heilung bewirkt haben, sondern Gott, und dass wir durch unser Gebet nichts erzwingen können, sondern uns immer nur Gott anvertrauen sollen, wie es in dem Lied heißt: »Was Gott tut, das ist wohlgetan, es bleibt gerecht sein Wille; wie er fängt seine Sachen an, will ich ihm halten stille.«

Danken

Dankbarkeit ist eine wichtige menschliche Tugend. Dankbar zu leben macht das Leben lebenswert. Danken ist jedoch auch eine wichtige Form des Gebetes. Viele sagen mir, dass sie nur dann beten, wenn sie etwas brauchen, wenn sie um etwas bitten. Doch wir sollten uns auch angewöhnen, Gott für das zu danken, was er uns täglich schenkt. Das beginnt am Morgen damit, dass wir Gott für den neuen Tag danken, dass wir ihm danken, dass wir gesund aufstehen dürfen, dass wir sehen können, dass Gott uns die Chance schenkt, etwas Neues zu erleben, Menschen zu begegnen, unsere Lebensspur in diese Welt einzugraben. Wir danken Gott, bevor wir frühstücken. Wir danken für die Speisen, die wir genießen dürfen. Wenn eine Begegnung gelungen ist, ist es gut, Gott spontan dafür zu danken. Oder auch, wenn ich die Straßenbahn rechtzeitig erreicht habe, obwohl ich etwas spät von zu Hause weggegangen bin, danke ich. Es sind kurze Stoßgebete, die wir uns angewöhnen könnten: »Danke, Herr!« Danke für das Gespräch, das gelungen ist. Danke, dass sich in der Arbeit eine neue Möglichkeit auftut. Es gibt täglich unzählige Gelegenheiten, Dankbarkeit zu empfinden und zu äußern.

Eltern sollten Gott für ihre Kinder danken. Die Kinder sollten Gott für ihre Eltern danken, für alles, was sie ihnen geschenkt haben. Das Dankgebet verwandelt unsere Beziehung. Wir nehmen einander bewusster wahr. Wir erkennen, was andere uns alles geschenkt haben. Und so sollten wir Gott danken für die Freunde, die Gott uns schenkt, für Begegnungen, die spontan entstehen, für den freundlichen Blick der Verkäuferin, für die aufmunternden Worte eines Freundes oder eines Menschen, der uns während der Bahnfahrt angesprochen hat.

Geistliche Autoren raten uns, dass wir auch für schwierige Menschen danken sollen. Das widerstrebt uns zunächst. Doch ich habe es immer wieder erfahren: Wenn ich für einen Menschen, mit dem ich Probleme hatte, gedankt habe, dann hat sich in ihm etwas gewandelt. Dann ist die Beziehung zu ihm besser geworden. Natürlich darf ich das Danken nicht verzwecken, *damit* sich der andere ändert. Ich danke für den andern, *dass* er so ist, wie er ist. Rein psychologisch können wir erklären, dass dieses absichtslose Danken dem andern guttut, weil er sich bedingungslos angenommen fühlt. Und wenn einer sich angenommen fühlt, dann wird er sich auch mir gegenüber anders verhalten. Aber es braucht das Vertrauen, dass ich auch dann immer wieder für den andern danke, wenn er sich mir gegenüber gar nicht ändert, sondern mir immer feindlicher gegenübertritt. Ich hoffe dann trotzdem, dass der andere das Geheimnis seines eigenen Lebens erkennt und es irgendwann einmal dankbar annehmen kann, ganz gleich ob die Beziehung zu mir sich wandelt oder nicht.

Die christliche Liturgie gipfelt in der Eucharistie. »Eucharistein« ist Griechisch und heißt danksagen. Das Wesen der hl. Messe besteht also in der Danksagung. Die Danksagung kommt vor allem in den Präfationen zum Ausdruck. Viele Präfationen beginnen mit Worten wie: »In Wahrheit ist es würdig und recht, dir, Herr, heiliger Vater, allmächtiger, ewiger Gott, immer und überall zu danken.« Und dann wird der Grund des Dankens genannt: »Denn Fleisch geworden ist das Wort« oder: »Denn schon leuchtet auf der Tag der Erlösung« oder: »Denn er ist heute als Sieger über Sünde und Tod aufgefahren in den Himmel.« Da werden jeweils die Geheimnisse des

Festes genannt. Oder es wird einfach ausgedrückt: »Denn er hat Großes an uns getan.« So lädt uns die Eucharistie immer wieder ein, für das zu danken, was Gott Großes an uns tut. Wir können mit Maria beten: »Meine Seele preist voll Freude den Herrn ... Denn der Mächtige hat an mir Großes getan.« (Lk 1,46.49)

Loben und Danken hängen eng zusammen. Und doch weist der Alttestament-Wissenschaftler Claus Westermann auf einen wesentlichen Unterschied hin, der schon in der Sprache zum Ausdruck kommt: Im Loben ist immer Gott das Subjekt. Ich sage nie: »Ich lobe dich«, sondern ich lobe Gott, indem ich seine Großtaten verkünde: »Gelobt sei Gott für alle seine Wohltaten. Gelobt sei Gott, denn er hat Wunderbares an mir getan.« Beim Danken ist das Ich das Subjekt: »Ich danke dir für diesen Tag. Ich danke dir für das, was du mir heute geschenkt hast.« Ich kann auf eine schöne Erfahrung in der Natur, etwa auf einen Sonnenuntergang mit einem kurzen »Danke« oder »Ich danke dir« antworten oder aber mit den Worten: »Gelobt sei Gott. Er hat alles wunderbar gemacht.«

Anbeten

Anbetung als betende Verehrung Gottes ist ein Urakt jeder Religion. Die Anbetung hat keine Absichten, irgendetwas von Gott zu erbitten. Sie drückt ein tiefes Verständnis von Wirklichkeit aus: Ich falle vor Gott nieder, weil

Gott Gott ist. Ich bin von ihm ergriffen, ganz und gar erfüllt von ihm. Ich will durch die Anbetung nichts erreichen, weder schöne Gefühle, noch Gelassenheit und Ruhe. Ich spreche in der Anbetung nicht über meine Probleme. Ich falle einfach vor Gott nieder, weil er mein Herr ist, weil er mein Schöpfer ist. In der Anbetung kreise ich nicht mehr um mich und meine Probleme, sondern versuche, allein auf meinen Gott zu schauen. Ich vergesse mich selbst, weil Gott mich ganz und gar ergriffen hat, weil er allein wichtig ist für mich. Das Paradox ist, dass ich im Vergessen meiner selbst ganz gegenwärtig werde, ganz echt, ganz ich selbst. Da beschäftigen mich keine Probleme, keine anderen Menschen, da erfüllt Gott mich ganz und gar. In der Anbetung steckt die Sehnsucht, frei zu sein von mir selbst, frei zu sein von dem ständigen Kreisen um mich, von der Sucht, alles auf mich zu beziehen, überall etwas für mich haben zu wollen. Indem ich mich vergesse, bin ich ganz frei: Jetzt ist nichts anderes mehr wichtig. Meine Probleme sind nicht mehr wichtig, meine Schuld nicht mehr, mein psychischer Zustand nicht. Nur Gott allein zählt. Georges Bernanos sagt einmal, es sei eine große Gnade, sich selbst anzunehmen. Wir wissen, dass wir dazu ein ganzes Leben brauchen. Aber die Gnade aller Gnaden, so sagt er, ist, sich selbst vergessen zu können. Wenn ich mich selbst vergesse, bin ich ganz frei von mir.

Anbetung als Sich-Vergessen geschieht auch, wenn ich einen Sonnenuntergang anschaue und einfach nur im Schauen bin. Ich bin berührt, ergriffen, vergesse mich selbst. Ich achte auch nicht auf meine Gefühle. Es ist zwar wichtig und legitim, auf seine eigenen Gefühle zu achten. Doch es gibt auch die Sehnsucht, einfach loszukommen von dem Kreisen um mich, von den ständigen Fragen: Ist es gut für mich? Wie fühle ich mich? Eine Ursehnsucht ist auch in uns, uns einfach einmal zu vergessen und einfach niederzufallen vor etwas, das größer ist als wir selbst, ganz und gar berührt zu sein von Gott, von der Schönheit der Schöpfung, von der Schönheit eines Bildes, von der Schönheit eines Konzertes. Anbetung heißt: sich verbeugen vor allem, was schön und wahr und gut ist. Wenn uns wirklich etwas im Innersten ergreift, dann vergessen wir, über uns zu reflektieren. Wir sind einfach da. Und dieses ursprüngliche Sein, das wir in der Anbetung erahnen, ist letztlich eine tiefe Gotteserfahrung. Das reine Sein entspricht auch unserer tiefsten Sehnsucht. Wenn ich im Urlaub auf einer Bank sitze und einfach die schöne Landschaft betrachte, dann fühle ich ein tiefes Einssein mit allem. Ich bin in diesem Augenblick frei von dem Druck, irgendjemandem etwas von dieser Landschaft erzählen zu müssen, frei auch von dem Rechtfertigungsdruck, dass ich jetzt gerade nichts leiste, über nichts nachdenke, keine neuen Erkenntnisse entwickle. Ich bin einfach da, in der Haltung einer Andacht, die an nichts anderes denkt als an das, was sie betrachtet.

In der Anbetung verblasst die oft so aufdringliche Nähe von Menschen, die etwas von mir wollen, oder die Nähe von Sorgen und Problemen, die mich bedrücken. Indem ich mich vergesse, komme ich zur Ruhe, da hört der Lärm meiner Gedanken und Gefühle auf. Da bin ich endlich angekommen, da bin ich nach langem Suchen endlich daheim. Daheim sein kann man nur, wenn man vor dem Geheimnis niederfällt. Wenn wir vor dem Geheimnis Gottes niederfallen, sind wir wirklich angekommen. Dann wird es ruhig in unserer Seele, da spüren wir, dass unsere tiefste Sehnsucht erfüllt ist, dass wir endlich etwas gefunden haben, vor dem wir uns verneigen können. Denn der Mensch sucht sein Leben lang nach dem, der alle seine Kräfte bindet und alle Sehnsüchte und Bedürfnisse erfüllt.

Die Anbetung geschieht nicht im Kopf, sondern mit dem ganzen Leib. Die Urgebärde der Anbetung ist die prostratio, in der sich der Mensch ganz und gar vor Gott niederwirft. Aber wir beten Gott auch an, wenn wir uns vor ihm verneigen, oder wenn wir vor ihm sitzen und die offenen Hände ihm hinhalten. Auf jeden Fall drängt die Anbetung dazu, sie auch leibhaft auszudrücken. Alle Kräfte in uns wollen gebunden sein. Der Leib ist eine Hilfe, dass auch unser Geist zur Ruhe kommt, dass alles in uns in der Gebärde gesammelt und auf Gott hin ausgerichtet wird. Anbetung heißt, dass ich ganz und gar auf Gott bezogen bin. Die Begegnung mit Gott in der Anbetung will alle Räume in mir aufschließen und überall den liebenden und belebenden Blick Gottes hineinlassen.

Die Anbetung scheint keine Haltung zu sein, die die Welt verändern könnte. Und doch ist gerade die Anbetung, in der ich mich selbst vergesse, auch der Ort, an dem ich die Welt mit andern Augen sehen kann. Das wird deutlich in der eucharistischen Anbetung, wie sie in der katholischen Tradition geübt wird. Wir schauen auf die Hostie, das verwandelte Brot, in dem wir Christus selber sehen. Indem wir auf die Hostie schauen, schauen wir mit neuen Augen auf die ganze Welt. Das hat der französische Jesuit und Naturforscher Teilhard de Chardin einmal wunderbar beschrieben. Als er in einer Dorfkirche auf die Hostie in der Monstranz schaut, hat er den Eindruck, »dass sich ihre Oberfläche ausweite wie ein Ölfleck, aber, wohlgemerkt, viel schneller und leichter. Am Anfang glaubte ich, der einzige zu sein, der diesen Wandel wahrnahm; und mir schien, er schreite voran, ohne irgendein Verlangen zu wecken und ohne auf irgendein Hindernis zu stoßen ... So umhüllte mich, inmitten eines großen Seufzens, das an ein Erwachen oder an eine Klage denken ließ, der Strom von Weiße, er ging über mich hinaus und überflutete alle Dinge.« Teilhard erkennt, wie das Licht der Hostie die ganze Welt mit der Liebe Jesu Christi erfüllt und verwandelt. Für ihn ist das stille und einsame Beten vor der verwandelten Hostie nichts Weltfremdes, im Gegenteil, das Gebet verwandelt die Welt, erweckt alles um uns herum zum Leben.

Anbetung als Urakt des Menschen prägt nicht nur unsere Beziehung zu Gott, sondern auch unsere Beziehung zu uns selbst, zu den Menschen und zur Welt. Es ist die Haltung des Sich-Vergessens und zugleich die Haltung des Seinlassens. Ich lasse Gott Gott sein, den Menschen Menschen und die Natur Natur. Ich verzichte darauf, alles zu bewerten oder zu verändern. Indem ich den Menschen sein lasse, wie er ist, erlaube ich ihm zu wachsen, zu dem zu werden, der er von seinem Wesen her ist. Indem ich die Natur sein lasse, ermögliche ich es ihr, aufzublühen und für mich zum Segen zu werden. So ist die

Anbetung eine Haltung, die wir gerade heute sehr nötig haben, da wir alles verzwecken und alles der Tyrannei des Geldes ausliefern. Anbetung ist die Haltung der inneren Freiheit von uns selbst und von unserer Gier, alles für uns benutzen zu wollen. Wenn wir in dieser Haltung der inneren Freiheit den Menschen und der Schöpfung begegnen, werden wir sie nicht nur anders erleben, wir werden auch erfahren, dass alles um uns herum aufblüht.

Klagen

In den Psalmen klagen die Beter oft. Sie beklagen sich bei Gott, dass es ihnen so schlecht geht. Sie beobachten die Welt und erkennen, dass es den Bösen oft gut geht, während die Frommen es oft schwer haben. Im Psalm 73 schildert der Beter, dass die Frevler keine Qualen leiden: »Ihr Leib ist gesund und wohlgenährt. Sie kennen nicht die Mühsal der Sterblichen, sind nicht geplagt wie andere Menschen.« (Ps 73,3 f) Er selbst aber erfährt jeden Tag Plage und Schmerz. Die Folge ist: »Mein Herz war verbittert, mir bohrte der Schmerz in den Nieren.« (Ps 73,21) Doch dann geht er in den Tempel und denkt über das Ende der Frevler nach. Dann bekennt er vor Gott: »Ich aber bleibe immer bei dir, du hältst mich an meiner Rechten. Du leitest mich nach deinem Ratschluss und nimmst mich am Ende auf in Herrlichkeit.« (Ps 73,23 f)

So ähnlich ist es in vielen Psalmen. Zuerst klagt der

Beter über sein Schicksal oder über seine Krankheit, wie etwa in Psalm 38: »Nichts blieb gesund an meinem Leib, weil du mir grollst, weil ich gesündigt, blieb an meinen Gliedern nichts heil.« (Ps 38,4) Doch die Beter bleiben nie in der Klage stecken. Das Klagen wird nicht zu einem Jammern, das immer um die gleichen Probleme kreist. Jammern führt oft zum Selbstmitleid. Doch dieses Selbstmitleid öffnet uns nicht für Gott, sondern verschließt uns in uns selbst. Die Klage öffnet jedoch alle meine Gefühle Gott gegenüber. Ich wage es, alles, was ich in mir an Emotionen wahrnehme, Gott gegenüber auszudrücken: meine Wut, meine Enttäuschung, meine Verzweiflung, meine Hoffnungslosigkeit. Ich beklage mich bei Gott, dass er mich vor all den bedrängenden Situationen nicht bewahrt hat. Doch die Klage mündet in den Psalmen immer in Vertrauen und in Bereitschaft, sich neu auf Gott einzulassen. Ich darf ihm meine Klagen sagen. Aber indem ich klage, spüre ich schon, dass Gott mich nicht verlässt, dass Gott trotz aller Not meine Zuflucht ist und mein Fels, der mir neuen Halt im Leben gibt. So betet der Kranke in Psalm 38 nach seiner Klage: »Doch auf dich, Herr, harre ich; du wirst mich erhören, Herr, mein Gott.« (Ps 38,16)

In unserer Zeit gibt es immer wieder die Frage: Kann man nach Auschwitz überhaupt noch beten? Selbst fromme Juden antworten darauf: Natürlich, denn auch in Auschwitz wurde gebetet. Die Juden haben dort Gott ihr Leid geklagt, und sie haben Gott selbst angeklagt. Die Juden unterscheiden eine dreifache Klage, wie sie auch in den Psalmen zum Ausdruck kommt. Da ist die Klage über die Feinde oder Frevler, die uns bedrängen. Da ist die Ich-Klage über meine eigene innere Situation, meine Verzweiflung, meine Krankheit, meine Hoffnungslosigkeit. Und da ist die Du-Klage, die Gott anklagt, weil er so ferne ist, weil er sich nicht zeigt. Heute ist das Klagen weitgehend aus unserem Gebet verschwunden. Wir bitten meist sofort Gott um Hilfe. Doch vor der Bitte steht die Klage. Sie tut uns gut, da wir durch sie unsere heftigen Emotionen zum Ausdruck bringen. Das Ziel der Klage ist, verwandelt aus meiner Situation herauszugehen. Aber diese Verwandlung geschieht nur, wenn ich mein Leid nicht überspringe, sondern es vor Gott ausbreite, immer mit der Hoffnung, dass Gott mich hört und dass durch das Klagen hindurch in mir das Vertrauen auf Gottes Beistand wächst.

Die Klage in den Psalmen beschränkt sich nicht auf die Beschreibung der bedrängenden Situation, in die wir geraten sind. Oft drückt sich die Klage in Form von Fragen aus: »Warum hast du mich verlassen? – Wie lange verschließt du dein Ohr vor mir? – Warum muss ich trauernd umhergehen? – Wie lange, Gott, darf der Bedränger noch schmähen? – Hat Gott seine Gnade vergessen?« Diese Fragen des Beters zeigen, dass er in seiner Klage schon aufgebrochen ist auf Gott hin, dass er sich nicht in seiner Klage verschließt, sondern sich an Gott wendet, mit ihm ein Gespräch anfängt und ihn herausfordert, auf seine Fragen zu antworten.

Stoßgebete

Eine alltägliche Form des Betens sind die kurzen Stoßgebete, die wir als Reaktion auf bestimmte Situationen
vorbringen. Vor einem schwierigen Gespräch sagen wir
kurz: »Herr, segne du dieses Gespräch.« Ein junger Mann
erzählte mir, wie es ihn beeindruckte, dass sein Vater, ein
Bauer, vor schwierigen Situationen immer spontan gesagt
hat: »In Gottes Namen«. Wenn eine Kuh kalbte, packte er
entschlossen zu mit dem Satz: »In Gottes Namen«. Alles,
was er tat, tat er in Gottes Namen. Der hl. Augustinus
nennt diese Art des Betens »Schussgebet«. Und in der
kleinen Philokalie, einem Erbauungsbuch der orthodo-
xen Kirche, wird diese Art des Betens so beschrieben: »In
der Zeit der Versuchung nimm deine Zuflucht zu kurzen,
aber feurigen Gebeten.« In verschiedene Situationen hinein, die einen sonst belasten würden, schießt man ein Gebet hinein, das die Situation gleichsam entschärft.

Diese Art des Stoßgebetes hat der hl. Benedikt in seiner Regel beschrieben. Wenn ein Mönch in schwierige
Situationen gerät, soll er sich ein Wort aus der Heiligen
Schrift vorsagen. Wenn er z. B. Unrecht erfährt, wenn er
müde wird auf seinem spirituellen Weg, wenn alles schief
zu laufen scheint, dann sagt er sich das Schriftwort vor:
»Wer bis zum Ende standhaft bleibt, der wird gerettet.«
(RB 7,36 – Mt 10,22) Oder wenn ihn alles überfordert und
er das Gefühl hat, sein Leben nicht mehr zu schaffen, soll
er sich sagen: »Dein Herz sei stark und halte den Herrn
aus.« (RB 7,37 – Ps 27,14) Die Kunst dieser benediktini-

schen Gebetsmethode besteht darin, seinem Ärger oder seinem Selbstmitleid oder seinen aggressiven Gefühlen nicht freien Lauf zu lassen, sondern bewusst auf jede Situation mit einem Wort aus der Heiligen Schrift zu reagieren. Die spätere Tradition hat aus dieser Gebetsmethode Benedikts die Übung des Stoßgebetes entwickelt. Ich reagiere mit einem Gebetswort auf die alltäglichen Widerfahrnisse, auf Missverständnis und Ärger, auf Konflikte und Spannungen.

Ähnlich ist die sogenannte antirrhetische Methode, die Gegenwortmethode, die Evagrius Ponticus, ein Mönch des 4. Jahrhunderts, beschrieben hat. Man nimmt in der eigenen Seele negative Worte und Gedanken wahr, wie etwa: »Das kann ich nicht. Was denken die Menschen von mir? Ich habe Angst vor ihrem Urteil.« In diese Gedanken spricht man dann den Vers aus Psalm 118: »Der Herr ist mit mir. Ich fürchte mich nicht. Was können Menschen mir antun?« Dieses Wort aus der Schrift verwandelt die Angst. Es bringt uns mitten in der Angst in Berührung mit dem Vertrauen, das schon auf dem Grund unserer Seele vorhanden ist, von dem wir aber oft abgeschnitten sind. Evagrius Ponticus wendet diese Methode vor allem dann an, wenn der Mönch in Versuchung gerät. Er beschreibt dieses Beten ähnlich wie später Augustinus das »Schussgebet«: »Solltest du in Versuchung fallen, dann fange nicht gleich zu beten an. Schleudere zunächst einige Worte im Zorn gegen den, der dich versucht. Du kannst nämlich nicht auf reine Weise beten, wenn du dem einen oder anderen Gedanken nachgehst. Wenn du zuerst im Zorn etwas gegen sie sagst, dann vereitelst

du die Pläne des Feindes und machst sie unwirksam.«
(Evagrius, Praktikos, Kapitel 42) Wie das wirken kann,
erzählte mir Georg, ein junger Mann, den seine Freundin verlassen hatte. Er erging sich in Selbstmitleid, bis
er auf einmal voller Kraft diesen depressiven Gedanken
das Wort entgegenschleuderte: »Im Namen des hl. Georg:
Raus!« Das befreite ihn von seinem Selbstmitleid.

Bei alten Mitbrüdern habe ich die Übung des Stoßgebetes oft beobachtet. Sie haben nicht nur den Tag »In Gottes
Namen« angefangen, sondern bei vielen Situationen des
Alltags gebetet: »Herr, hilf!« oder »Gott segne meine Arbeit!«. Manche haben spontan ausgerufen: »Jesus, Maria,
Joseph«. Was sie damit zum Ausdruck brachten, war ihr
Vertrauen, dass sie jetzt nicht allein sind, dass Jesus ihnen
beisteht und auch Maria, die mütterliche Frau. Dann kam
in das Graue des Alltags etwas Zärtliches hinein. Und
in der Anrufung des Joseph kam das Tatkräftige zum
Ausdruck. Es waren oft einfache Handwerker, die mit
diesem Stoßgebet sich Mut gemacht haben, das, was an-
stand, in die Hand zu nehmen und die Arbeit anzupacken.

Man spricht so ein Stoßgebet jedoch nicht nur in
schwierigen Situationen. Spontan rufen wir bei etwas,
was uns geglückt ist, aus: »Danke« oder »Gott sei Dank«.
Wir haben den Eindruck, dass das Gelingen nicht unser
Verdienst ist. Wir geben es an Gott weiter. Oder wir rufen aus, wenn uns etwas tief berührt: »O Gott!« Oft es
ist nur ein unbewusstes Ausrufen. Aber es ist doch ein
Weg, unseren konkreten Alltag in Verbindung zu bringen mit Gott. Eine im Mönchtum weit verbreitete Form
des Stoßgebetes ist auch das Jesusgebet: »Jesus, erbarme

dich meiner«. Doch da das Jesusgebet eine eigene Form des Betens und Meditierens darstellt, will ich es besonders beschreiben.

Das Jesusgebet oder das Herzensgebet

Schon seit dem 4. Jahrhundert üben die Mönche in der Wüste das sogenannte Jesusgebet. Für mich persönlich ist das Jesusgebet meine tägliche Meditationsmethode. Hier mischen sich beide Formen: Beten und Meditieren. Meditation ist letztlich auch eine Form des Gebets. Sie will mich in Berührung bringen mit Gott. Das Jesusgebet wird auch Herzensgebet genannt, weil das Herz eine wichtige Rolle darin spielt. Ich möchte das Jesusgebet kurz beschreiben und dann seinen Sinn ergründen.

Man verbindet den Atem mit dem Jesusgebet. Beim Einatmen sagt man sich leise vor: »Herr Jesus Christus«. Dabei stellt man sich vor, dass mit Jesus Christus Liebe in unser Herz einzieht und es wärmt. Beim Ausatmen sagt man sich vor: »Sohn Gottes, erbarme dich meiner«. Der Betende stellt sich vor, wie mit dem Ausatem der Geist Jesu, seine Liebe und seine Barmherzigkeit den ganzen Leib durchdringen und in den inneren Raum der Stille führen, zu dem der Lärm dieser Welt keinen Zutritt hat, jenen Raum, in dem ich ganz ich selber bin, eingetaucht in die göttliche Liebe. Man kann diesen zweiten Teil des

Jesusgebets auch abändern. In der Tradition werden auch verschiedene Weisen genannt: entweder nur: »Erbarme dich meiner« oder: »Erbarme dich über mich Sünder« oder: »Erbarme dich meiner, des Sünders«.

Ich kann das Jesusgebet wie ein Stoßgebet benutzen und es etwa beim Warten auf den Bus leise beten. Dann bin ich mitten im Alltag mit Jesus verbunden. Ich kann es aber auch als Meditation üben. Dann setze ich mich 20 oder 30 Minuten hin und verbinde das Jesusgebet mit meinem Atem. Dabei gibt es zwei Weisen, mit dem Jesusgebet zu meditieren. Ich kann das Jesusgebet hineinsprechen in meine Emotionen, also in meinen Ärger, in meine Enttäuschung, in meine Eifersucht. Ich kreise dann nicht um die Emotion, aber ich verdränge sie auch nicht. Sie darf sein, aber ich halte das Jesusgebet in die Emotion. Das verwandelt sie mit der Zeit. Auf einmal fühle ich eine innere Ruhe in mir. Ich kann das Jesusgebet aber auch anders üben. Ich binde meinen Geist an das Wort und lasse mich vom Wort, bzw. von Jesus selbst, hinab-führen in den Grund meiner Seele, in den inneren Raum der Stille, in den heiligen Raum, in dem Jesus selbst in mir wohnt mit seiner Liebe und Barmherzigkeit. Natür-lich kann ich diesen Raum nicht immer erfahren. Aber allein schon, wenn ich um das Ziel des Jesusgebetes weiß, erahne ich oft bei der Meditation diesen inneren heiligen und heilsamen Raum, in dem ich innere Freiheit, Leben-digkeit, Frieden und Liebe erfahre.

Die Mönche sehen im Jesusgebet die Zusammenfas-sung des ganzen Evangeliums. Darin steht der Glaube an die Menschwerdung Gottes in Jesus Christus: »Jesus

Christus, Sohn Gottes«. Und darin steht der Glaube an die Erlösung: »Erbarme dich meiner«. Die Erlösung wird dabei nicht auf die Erlösung von der Schuld reduziert. Vielmehr versteht das Jesusgebet die Erlösung als Durchdrungenwerden von der Liebe Jesu. Das griechische Wort »eleison« (»erbarme dich«) vermittelt mir Zärtlichkeit und Liebe. Darin besteht die Erlösung, dass ich, der ich mich als unannehmbar erlebe, durch Jesus Christus bedingungslose Liebe erfahre, die alles in mir, das Chaos, die Zerrissenheit, die Schuld in Liebe verwandelt.

Das Jesusgebet ist für die Mönche – vor allem in der Ostkirche – der eigentliche Weg, sich immer mehr vom Geist Jesu durchdringen zu lassen. Das Ziel der Menschwerdung Gottes in Jesus Christus ist ja, dass der Mensch vergöttlicht wird. Das Jesusgebet ist ein konkreter Weg, sich immer mehr vom göttlichen Geist Jesu erfüllen und verwandeln zu lassen. Johannes Klimakus, ein Mönch aus dem 7. Jahrhundert, schreibt dem Jesusgebet die Eigenschaft zu, die im Herzen nistenden verborgenen Leidenschaften hervorzulocken. Das Jesusgebet hat die Aufgabe, das Herz zu reinigen von falscher Anhänglichkeit an irdische Dinge. Wenn es mit Andacht gebetet wird, dann »besitzt es die Macht, das Herz für Jesus Christus zu erwärmen, vor seinem Angesicht zu leben und das ganze Menschenwesen zu durchgotten bis zur lebendigen Vereinigung mit Christus«. Diese Wirkung werden wir kaum immer erleben. Aber die Beschreibung der frühen Mönche zeigt, wie sehr sie dieses Gebet geschätzt haben. Für mich ist es daher zu einem guten Begleiter auf meinem geistlichen Weg geworden.

Beten als Tun – Anzünden einer Kerze

Für viele Menschen, die das Beten verlernt haben, ist es gleichwohl ein Anliegen, für einen anderen Menschen eine Kerze anzuzünden. Sie verstehen dieses Anzünden als Fürbitte für den andern. Das Beten besteht hier in einem Tun. Man geht in eine Kirche, kauft eine Kerze und zündet sie an. Oder man pilgert zu einem Wallfahrtsort und zündet dort eine Kerze am Marienaltar für den Menschen an, der einem am Herzen liegt.

Das Anzünden der Kerze ist voller Symbolik. Einmal drückt es aus, dass durch das Gebet Licht zum andern strömen soll. Das Leben des Menschen, für den ich die Kerze anzünde, soll heller werden. Seine Orientierungslosigkeit soll durch eine neue Sinnfindung abgelöst werden. Es soll in seinem Leben heller werden. Die dunklen Phasen, in die die Depression stürzt, sollen erhellt werden. Und in sein kaltes Herz möge die Wärme der Liebe strömen. Er soll sich geliebt fühlen, angenommen wissen.

Zum andern war mit dem Anzünden einer Kerze in der christlichen Tradition immer der Glaube verbunden: Solange die Kerze brennt, geht mein Gebet zu Gott. Das Anzünden der Kerze ist also so etwas wie ein verlängertes Gebet. Natürlich werde ich beim Anzünden an den Menschen denken, für den ich die Kerze ausgesucht habe. Aber mein Gebet wird immer nur kurz sein. Doch die Kerze verlängert mein Gebet. Auch wenn ich nicht mehr an den Menschen, für den ich bete, denke, zeigt die Kerze, dass mein Gebet eine längere Wirkung hat.

Die Menschen, die für einen andern eine Kerze anzünden, haben oft das Gefühl, dass sie nicht beten können. Sie wissen nicht, was sie Gott sagen sollen. Und sie können sich Gott nicht vorstellen, zu dem sie sprechen könnten. Aber das Anzünden einer Kerze ist für sie eine Art von Gebet. Darin geschieht Wesentliches, was das Fürbittgebet auszeichnet: Ich denke mit Wohlwollen an den andern. Ich halte ihn und seine Nöte Gott hin. Und ich hoffe, dass durch das Anzünden bzw. durch das Gebet der andere Hilfe und Stärkung erfahren darf.

4.

Haltungen und Gebärden des Betens

Seit jeher haben die Menschen in bestimmten Haltungen gebetet. Beten geschah nie nur im Kopf. Wo Menschen gebetet haben, haben sie das immer auch in Gebärden ausgedrückt. Der ganze Mensch hat sich im Leib und in seiner Seele im Gebet für Gott geöffnet. Die Gebärden unterstützen das Beten. Sie führen jeweils zu einer anderen Erfahrung Gottes und meiner selbst. Vor Gott darf ich zu mir stehen und meine Würde erkennen. Wenn ich knie, erfahre ich die Größe Gottes. Wenn ich die Hände über der Brust kreuze, erfahre ich den Gott, der in mir ist. Das Gebet führt mich dann in den Grund meiner Seele. Alle Gebärden drücken verschiedene Aspekte unserer Gotteserfahrung und unserer Selbsterfahrung aus. Und gerade die verschiedenen Aspekte gehören zu einer lebendigen Gottesbeziehung. Gott ist für uns einmal der Herr, vor dem wir niederfallen, aber dann auch der, der uns zur Seite steht und uns aufrichtet. Und Gott ist in uns. Auch eine Beziehung zu einem Menschen bleibt nur dann lebendig, wenn sie die verschiedenen Aspekte beinhaltet. Der Mann ist für seine Ehefrau manchmal Vater, manchmal Geliebter, Partner, Freund, Sohn. Und die Frau ist abwechselnd Geliebte, Partnerin, Tochter, Mutter. Es gibt auch nicht die *eine* Haltung des Betens allein. Die verschiedenen Haltungen führen zu einer lebendigen Beziehung zu Gott.

Die Gebärden haben zwei Bedeutungen. Zum einen drücken sie die Gefühle aus, die ich Gott gegenüber spüre. Wir wissen aus der menschlichen Beziehung: Wenn Gefühle nicht mehr ausgedrückt werden, sterben sie ab oder werden immer schwächer. Die andere Bedeutung: Gebärden können auch eine Erfahrung hervorrufen. Wenn ich in die Knie gehe, dann macht das etwas mit mir. Ich kann über Gott sicher auch im Bett liegend nachdenken. Aber wenn ich niederknie, fährt mir Gott »in die Knochen«, geschieht mein Erleben im ganzen Leib. Das Nachdenken im Bett passiert nur im Kopf. Doch nur wenn der ganze Mensch beteiligt ist, mit Leib und Seele, wird das Gebet zu einer tiefen Erfahrung Gottes führen. Auch andere Religionen kennen das: Die Juden bewegen ihren Kopf hin und her, wenn sie etwa an der Tempelmauer beten. Dieses Hin- und Herwippen führt sie in eine Art Trance-Zustand. Muslimische Derwische kennen die Kreisbewegung, die zu mystischer Ekstase führen kann. Und wenn Buddhisten in ihrem Gebeten ständig sich zu Boden werfen und wieder aufstehen, dann bringt das auch in ihrer Seele etwas in Bewegung.

Orante-Haltung

Die frühen Christen haben in ihren Katakomben oft eine betende Frau dargestellt, die ihre Hände zum Himmel erhebt. Diese Gebetshaltung wurde dann später »Orantehaltung« genannt. »Orante« ist die Betende und »Orans« der Betende. Beten ist also auch für die frühen Christen nicht nur ein geistiger Vorgang, in dem Sinn, dass ich in meinem Kopf an Gott denke und ihn um etwas bitte. Beten heißt immer auch: die Hände zu Gott erheben. Die frühe Kirche hat die zum Himmel erhobenen Hände sogar als die eigentliche Gebetshaltung gesehen.

Welche Erfahrung steht nun hinter dieser Haltung? Wenn ich die Hände zum Himmel erhebe, in einer großen Schale, die nach oben geöffnet ist, dann fühle ich mich jedenfalls weit. Ich habe das Gefühl: Ich öffne den Himmel über mir. Vom Himmel her strömt Gottes Liebe in mich ein. Ich öffne meinen Leib, damit er von der Liebe Gottes erfüllt und durchdrungen wird. Ich öffne aber auch den Himmel über anderen Menschen. Für viele Menschen ist der Himmel oft verhangen, grau, verschlossen. Indem ich die Hände zu Gott erhebe, drücke ich meine Hoffnung aus, dass sich der verhangene Himmel über den Menschen aufklärt und die Verschlossenheit sich öffnet. Die fürbittende Kraft dieser Gebärde wird in der alttestamentlichen Erzählung vom Kampf der Israeliten gegen die Amalekiter sichtbar: Solange Mose die Hände zum Himmel erhob, siegte Israel. (Vgl. Ex 17,11) Die Gebärde ist also eine Hilfe, damit das Leben der Menschen gelingt, dass neue Hoffnung in ihr Leben strömt. Und es ist Ausdruck der Hoffnung, dass mein Leben gelingt, dass ich alle Kämpfe, die ich durchzustehen habe, auch gewinne.

Die Gebärde der zum Himmel erhobenen Hände haben die Christen natürlich nicht erfunden, sondern von ihrer Umgebung übernommen. Sie haben diese Gebärde mit dem Kreuz Jesu verbunden. Sie wollten in dieser Gebärde Christus am Kreuz nachahmen, der am Kreuz für die ganze Welt betete und Segen erflehte. Origenes, der große Kirchenvater, hält diese Gebärde für den angemessenen Ausdruck der Seele gegenüber Gott. Er schreibt:

»Man darf nicht daran zweifeln, dass von den zahllosen Stellungen des Körpers die Stellung mit den ausgestreckten Händen und emporgerichteten Augen allen vorzuziehen ist, da man dann gleichsam das Abbild der besonderen Beschaffenheit, die der Seele während des Gebetes ziemt, auch am Körper trägt.« Beten heißt für Origenes: die Seele für Gott öffnen. Indem wir das leibhaft entsprechend tun, wird auch unsere Seele sich für Gott öffnen. Der Leib wirkt auf die Seele. Ohne Leib kann sich die Seele nicht angemessen ausdrücken.

Wenn ich in der Orantehaltung bete, ist es für mich wichtig, dass ich einen guten Stand habe. Sonst könnte mich die Haltung auch nach oben wegziehen. Ich würde vor meinem Alltag fliehen. Es geht aber gerade darum, meinen Alltag für Gott zu öffnen. In dieser Haltung erfahre ich aber auch eine innere Weite. Gefühle wie Freude und Freiheit werden spürbar. Depressive Gefühle lösen sich auf, sie haben hier keinen Raum. So tut uns diese Gebärde gut. Und wir ahnen in ihr auch etwas von der Größe und Weite Gottes. Gott ist der, der uns weiten Raum schafft, der uns in die Fülle führt. Und zugleich fühle ich mich in dieser Gebärde auch offen für alle Menschen. Der Himmel, der sich über mir öffnet, öffnet sich auch über allen anderen, die unter dem gleichen Himmel leben.

Offene Hände

Eine Urform des Betens ist das Beten mit offenen Händen. Ich halte meine Hände wie eine Schale Gott hin. In den offenen Händen öffne ich mich Gott gegenüber. Wenn ich mich mit offenen Händen vor Gott stelle, dann halte ich ihm meine ganze Wahrheit hin: nicht nur meine fromme Seite, sondern alles, was in mir ist. In meine Hände hat sich das Leben mit seiner Geschichte hineingegraben. So halte ich Gott mein Leben hin, so wie es verlaufen ist, ohne es zu bewerten oder zu beurteilen. Es ist so, wie es ist. Ich vertraue darauf, dass in seine Liebe in alles hineinströmen kann, was ich ihm hinhalte.

Mit den Händen handeln wir, packen wir etwas an, berühren wir einander. Wir geben uns die Hand. In den offenen Händen halte ich alles Gott hin, was ich in die Hand genommen habe, was ich angepackt habe. Aber ich halte Gott auch hin, was ich unterlassen habe, wo ich die Hände zurückgezogen habe, um mir die Finger nicht zu verbrennen oder um mich nicht schmutzig zu machen. Und die offenen Hände verweisen mich auf Gottes gute Hände. Wenn ich sie Gott hinhalte, dann kann ich mir vorstellen, dass er mich mit seinen liebenden Händen auffängt, dass ich von seiner Hand gehalten und getragen bin, angenommen und geliebt. So kann ich mich in seinen guten Händen bergen. Und ich drücke in dieser Gebärde aus, dass ich bereit bin, mich von Gott an der Hand nehmen zu lassen. Ich bin bereit, mich auf ihn einzulassen, das anzunehmen, was er mir in die Hand hineinlegt, sei es ein schönes Geschenk, sei es eine Last, die zu tragen mir schwerfällt. Ich halte mich Gott hin und lasse mich von ihm in seinen Dienst nehmen.

Diese Gebärde kann mein Abendgebet prägen. Am Abend stelle ich mich mit offenen Händen vor Gott. Ich halte ihm den Tag hin mit allen Gesprächen, Begegnungen, mit allem, was ich heute getan habe. Auch da verzichte ich darauf, den Tag und alles, was war, zu bewerten. Der Tag ist gelaufen. Er ist so, wie er ist. Ich kann ihn nicht mehr ändern. Aber ich kann vertrauen, dass Gott alles, was war, in einen Segen verwandelt. Gott kann auch das nicht optimal geführte Gespräch in einen Segen verwandeln. Das entlastet mich. Ich höre auf, über den vergangenen Tag nachzugrübeln. Ich halte ihn vielmehr Gott hin, im Vertrauen, dass er alles zu verwandeln vermag.

Die offenen Hände sind nicht nur ein Zeichen dafür, dass ich mich Gott gegenüber öffne und nichts zurückhalte, damit er alles mit seiner Liebe durchdringt. Sie zeigen darüber hinaus: Ich bin bereit, das zu empfangen, was Gott in mich hineinlegen will. Am Abend darf ich etwa vertrauen, dass Gott mir seinen Frieden und seine Liebe in meine Hände legt, damit ich ruhig schlafen kann. Die offenen Hände erinnern mich aber auch an das, was Gott schon in meine Hände gelegt hat: Kraft, Kreativität, Klarheit, Zärtlichkeit, die Gabe, Geborgenheit und Schutz zu schenken, die Gabe, aufzurichten und zu ermutigen. So halte ich voller Dankbarkeit meine offenen Hände Gott hin. Ich muss gar keine Worte sprechen. Ich halte mein Leben Gott einfach hin und vertraue, dass da etwas strömt zwischen Gott und mir. Ich öffne in den Händen mein Herz und meine Seele und meinen Leib, damit alles in mir von seinem Licht und seiner Liebe durchdrungen und verwandelt werden kann.

Gefaltete Hände

Als Kinder mussten wir beim Beten die Hände falten. Ich kann mich noch erinnern, wie das für uns Kinder eine Gebärde war, die uns gesammelt hat. Wir fühlten uns in diesem Augenblick ganz fromm. Es war etwas Ehrfürchtiges in dieser Gebärde. Als Ministranten sollten wir dann immer in dieser Gebärde stehen. Da regte sich in uns Widerstand. Es schien wie ein Drill zu sein, gegen den wir uns wehrten. Erst viel später, als ich bei dem erfahrenen Meditationslehrer Graf Dürckheim den Sinn der Gebetsgebärden auf neue Weise entdeckte, erkannte ich den Wert dieser Gebärde: Sie ist eine Gebärde, die mich auf Gott hin sammelt, in der ich mich selber intensiv spüre.

Das Händefalten ist bei vielen Völkern weit verbreitet. Im christlichen Bereich wird es erst ab dem 9. Jh. gebräuchlich. Das Händefalten war bei den Germanen eine Huldigungsform. Beim Lehensvertrag reichte der Vasall seine Hände mit aneinandergelegten Flächen seinem Herrn hin, und dieser umschloss sie dann mit den seinigen. Mit den gefalteten Händen bietet man Gott also seine Dienste an, zugleich unterwirft man sich seinem Willen. Noch heute verspricht der Priester bei seiner Weihe dem Bischof Gehorsam, in dem er seine gefalteten Hände in die Hände des Bischofs legt. In Asien ist die Haltung der gefalteten Hände weit verbreitet. Wenn man einen Menschen grüßt, faltet man die Hände und verneigt sich vor ihm. In Korea stehen manche Männer und Frauen die ganze Messe über mit gefalteten Händen da. Es ist für sie eine gewohnte Haltung. Sie drückt Frömmigkeit, Sammlung und Ehrfurcht aus.

Ich möchte Sie einladen, diese Haltung einmal zu üben, ohne alle Vorurteile, die Sie vielleicht als junge Erwachsene dagegen hatten. Stellen Sie sich aufrecht hin. Dann halten Sie die Handflächen erst ein paar Zentimeter voneinander entfernt. Versuchen Sie, über den Zwischenraum hinweg den Kontakt mit der andern Hand wahrzunehmen. Dann legen Sie die Hände langsam ganz zusammen. Vielleicht spüren Sie dann, wie Sie das wirklich »sammelt«. Die miteinander verbundenen Hände binden unseren unruhigen Verstand, sie verbinden das Widerstrebende in uns zu einer Einheit zusammen. Und es entsteht in uns ein Kreislauf: Alle Gedanken und Gefühle, alle inneren Schwingungen gehen durch die gefalteten Hände hindurch. Und in diesem Strömen sind wir angeschlossen an den Kreislauf der göttlichen Liebe.

Sie können in dieser Gebärde einfach einige Augenblicke dastehen, ohne Worte zu sprechen. Aber dann können Sie sich auch überlegen: Welche Gebetsworte kommen mir in dieser Haltung über die Lippen? Was würde ich so am liebsten beten? Oder: Wie erfahre ich mich selbst in dieser Gebärde vor Gott? Und wie erlebe ich Gott in dieser Gebärde?

Wenn ich bei der Meditation unruhig bin, dann falte ich die Hände und erfahre, dass ich wieder ruhig werde. Aber ich kann diese Gebärde nicht als Dauerhaltung praktizieren. Dann wird sie für mich unnatürlich. In Augenblicken höchster Sammlung und Ehrfurcht ist sie jedoch eine große Hilfe und für mich der angemessenste Ausdruck meiner Haltung Gott gegenüber. Die Hände sammeln mich nicht nur, sie richten auch meinen Geist und meinen Leib ganz und gar auf Gott aus. Die Finger sind nach oben gerichtet. Sie verweisen mich auf Gott. Gott ist das Ziel meines Lebens. Wenn ich mich auf ihn hin ausrichte, dann werde ich richtig, dann komme ich in die Gestalt, die Gott mir zugedacht habe. Wenn Gott die Mitte meines Lebens wird, gelange ich in meine eigene Mitte. Und das führt mich zu einer Ruhe, in der alle Gedanken schweigen. Gott, auf den ich ausgerichtet bin, sammelt alles Zerstreute in mir und richtet meine Gedanken und Gefühle und alles Chaotische in mir auf ihn hin aus. So ist diese Gebärde nicht nur Anbetung Gottes. Sie ist auch heilsam für mich selbst. Sie tut mir gut.

Knien

In meiner Kindheit war das Knien die eigentliche Haltung beim Gottesdienst. Bei der hl. Messe kniete man die meiste Zeit. Nur zur Lesung setzte man sich, während man zum Evangelium und zum Vaterunser aufstand. Das Knien entsprach damals sicher auch dem Gottesbild, das viele hatten: Vor dem großen und unendlichen Gott muss man knien. Das ist die gebührende Haltung, in der wir unsere Kleinheit vor seiner Größe bekennen. In der frühen Kirche war das Stehen die übliche Haltung bei Gottesdienst. Nur in besonderen Situationen kniete man nieder, um seine Ehrfurcht vor Gott zum Ausdruck zu bringen. Das Neue Testament kennt das Knien in besonders intensiven Augenblicken. Der Aussätzige fällt vor Jesus nieder, um ihn anzuflehen, dass er ihn rein mache (Mk 1,40). Er drückt damit seine Ohnmacht aus, aus dem Teufelskreis der Fremd- und Selbstablehnung auszubrechen. Am Ölberg fällt Jesus selbst auf die Knie, um inständig zu beten (Lk 22,41). Auch hier ist es ein Ausdruck der Ohnmacht Jesu. Jesus ergibt sich in seiner Ohnmacht in Gott hinein. Auf ihn allein setzt er sein Vertrauen. Paulus beugt seine Knie vor dem Vater Jesu Christi (Eph 3,14). Und im Philipperbrief preist er die Erhöhung Jesu durch den Vater mit den Worten: Gott hat Jesus Christus über alle erhöht, »damit alle im Himmel, auf der Erde und unter der Erde ihre Knie beugen vor dem Namen Jesu« (Phil 2,10). Hier ist das Knien Ausdruck der Ehrfurcht vor dem ganz anderen Gott.

Graf Dürckheim erzählt einmal von einer Frau, die zu ihm kam und sich beklagte, dass sie nicht mehr beten könne. Er fragte sie nur: »Können Sie knien?« Dieses Wort elektrisierte sie. Sie eilte nach Hause und fiel in ihrem Zimmer auf die Knie. Da erkannte sie auf einmal, was Beten heißt: niederfallen, seine eigene Ohnmacht erkennen und erfahren, wie groß Gott ist, Sie spürte, dass wir uns im Knien auf neue Weise getragen fühlen können von Gott. Was Knien in uns bewirkt, erfahren wir, wenn wir einmal bewusst aufrecht vor Gott stehen, vor Gott zu uns selbst stehen. Dann gehen wir langsam in die Knie. Wir werden kleiner. Wir knien auf dem Boden und erfahren etwas von unserer Kleinheit vor Gott. Das erfahren wir aber nur, wenn wir wirklich auf dem Boden knien und nicht auf Kniebänken, die uns das Wesen des Kniens verfälschen. Wir können ein paar Minuten einfach knien, die Hände lose fallen lassen. Dann ahnen wir, wer wir selbst sind und wer Gott ist.

Berühmt ist der Kniefall von Willy Brandt vor dem Grabmal der im Zweiten Weltkrieg gefallenen polnischen Soldaten. Der Kniefall hat damals mehr bewirkt als alle versöhnenden Worte. Er drückte Ergriffenheit, Berührtsein aus. Brandt erzählte, dass es ihn einfach auf die Knie zwang. In der Kirche knien wir oft, weil es »dran ist«. Aber indem wir das Knien bewusst wahrnehmen, können wir auch erahnen, was es für uns bewirken möchte: sich von Gott berühren zu lassen, betreffen zu lassen, Gott ernst nehmen als den ganz anderen, den wir nie verstehen, der uns überwältigt.

Stehen

Im Gegensatz zum Knien ist das Stehen auch eine Urgebärde des menschlichen Betens, die in allen Völkern verbreitet ist. Auch die Bibel kennt das Stehen als die normale Haltung des Betens.

Stehend lobt der Beter Gott. Im Stehen erfährt er, dass Gott ihn hält, dass er nicht wankt. Er bekennt: »Er stellte meine Füße auf den Fels, machte fest meine Schritte.« (Ps 40,3) Das Stehen ist ein Ausdruck der Glaubenshaltung. So heißt es schon bei Jesaja: »Glaubt ihr nicht, so könnt ihr nicht feststehen, so habt ihr keinen Stand.« (Jes 7,9) Paulus ermahnt die Christen: »Steht fest im Glauben« (1 Kor 16,13). Und »Steh fest im Herrn!« (Phil 4,1) Im Stehen erfahren die frühen Christen, dass sie mit Christus auferstanden sind und dass sie daher stehen dürfen. In der Auferstehung hat Gott uns aufgerichtet und unsere Füße auf sicheren Felsen gestellt, dass uns kein Widersacher mehr umstoßen kann. Er hat uns in eine neue Würde hineingestellt, unser Stehen ist Teilhabe am Herrn, an der »Gnade, in der wir stehen« (Röm 5,2). Und so ist für die ersten Christen das Stehen die normale Haltung beim Beten.

Um die Erfahrung zu machen, von der die Bibel in diesen Worten über das Stehen spricht, können wir uns vorstellen, dass wir wie ein Baum stehen: fest verwurzelt in der Erde, gut in unserer Mitte, und die Krone des Baumes entfaltet sich gegen den Himmel. Das ist ein Urbild unseres Stehens: Wir erfahren im Stehen, dass wir Menschen der Erde sind, fest verwurzelt in ihr, und zugleich Menschen des Himmels, offen für das, was über uns ist. Und wir können uns in dieser Haltung vorstellen, dass wir Könige und Königinnen sind, dass wir eine unantastbare Würde haben. Wir stehen vor Gott und haben teil an seiner Größe, an seinem Königtum.

Wir können uns vorstellen, dass Gott uns anschaut, dass wir ihm gegenüberstehen als seine Partner. Wir stehen vor Gott zu uns selbst. Die Vorstellung, dass Gott uns wohlwollend anschaut, macht uns lebendiger und öffnet uns nach vorne. Wir stehen nicht nur in uns, sondern vor Gott, von ihm beachtet, ihm gegenüber. Als Hilfe können wir die Hände mit den Handflächen nach vorne drehen. Dann stehen wir wirklich vor Gott, von ihm angeschaut, angenommen, geliebt, von seinem Geist durchströmt und durchpulst.

Sitzen

Im Sitzen meditieren wir oder wir hören der Lesung oder der Predigt zu. In den östlichen Meditationsformen Zen oder Yoga wird das Sitzen genau beschrieben, damit man in der aufrechten Haltung wach bleibt. In der monastischen Tradition hat das Sitzen in der Mönchsbehausung, im Kellion, ebenfalls eine wichtige Bedeutung. Aber die Haltung wird nicht genau beschrieben. Es sind nur Bilder, die hier verwandt werden. Der Mönch, heißt es da etwa, soll beim Beten wie auf einem Tiger sitzen oder wie ein Steuermann auf seinem Schiff. Er soll also im Sitzen trotz aller äußeren oder inneren Turbulenzen die Ruhe bewahren.

In der Bibel werden verschiedene Aspekte des Sitzens angesprochen. Man sitzt zusammen zum Mahl (Ri 19,6). Sitzen ist Zeichen eines friedlichen Miteinanders. So heißt es beim Propheten Micha: »Jeder sitzt unter seinem Weinstock und unter seinem Feigenbaum und niemand schreckt ihn auf.« (Mt 4,4) Viele Stellen sprechen aber auch vom Sitzen als einer Gebärde der Trauer, der Einsamkeit und der Zerknirschung. Elija setzt sich unter einen Ginsterstrauch und wünscht sich den Tod (1 Kön 19,4). Man setzt sich nieder, um zu weinen und zu klagen (Gen 21,16; Neh 1,4). Von Hiob heißt es: »Er setzte sich mitten in die Asche« (Jiob 2,8).

Andere Stellen beschreiben das Sitzen als Thronen. Von Gott heißt es immer wieder: »Der auf den Kerubim thront.« (1 Sam 4,4) Und viele Visionen sehen Gott auf dem Throne sitzen (1 Kön 22,19). Aber auch der Mensch darf thronen: »Dein Sohn Salomo soll auf meinem Thron sitzen.« (1 Kön 1,13) Im Alten Testament gilt das nur vom König, im Neuen Testament verheißt es Christus uns allen: »Ihr werdet auf zwölf Thronen sitzen und die zwölf Stämme Israels richten.« (Mt 19,28) Christus ist der, der auf dem Throne sitzt. »Ihr werdet den Menschensohn zur Rechten der Macht sitzen sehen.« (Mt 26,64) Und die Offenbarung spricht von Christus immer als von dem, der auf dem Throne sitzt (Offb. 4,2; 4,9). »Ihm, der auf dem Throne sitzt, gebühren Lob und Ehre, Herrlichkeit und Kraft in alle Ewigkeit.« (Offb 5,13) Während seines Lebens sitzt Jesus vor allem, wenn er seine Jünger belehrt (Mt 5,1). Und für uns ist das Sitzen eine Haltung des Nachdenkens und des Lauschens auf den Herrn. »Maria setzte sich dem Herrn zu Füßen und hörte seinen Worten zu.« (Lk 10,39)

Wir können die drei Aspekte üben: das Sitzen als Thronen, das Horchen und Meditieren und das Sitzen in der Asche als Zeichen von Trauer und Reue. »Auf dem eigenen Misthaufen zu sitzen«, wie es Hiob oder Jeremia beschreiben (Jer 48,18), können wir üben, indem wir uns auf die Erde setzen, die Knie angezogen, mit den Händen umschlungen und das Gesicht auf die Knie gedrückt. In dieser Haltung spüren wir, dass wir auf Gottes Barmherzigkeit angewiesen sind.

Das Sitzen als leibhafter Ausdruck des Lauschens auf Gottes Wort, als Meditieren und sich in Gottes Gegenwart Versenken, braucht eine andere Haltung: das aufrechte Sitzen. Wenn wir während der Liturgie so aufrecht und gesammelt in der Bank sitzen, dann kann das Wort Gottes in den Lesungen tief in uns hineinfallen. Wir hören dann nicht nur mit den Ohren und mit dem Kopf, sondern mit dem Herzen, mit dem ganzen Leib. Das Wort Gottes kann uns treffen und verwandeln.

Eine andere Weise des Sitzens ist das Thronen. Wir sitzen bewusst aufrecht und stellen uns vor, dass wir teilhaben an der Herrschaft Christi über das Böse, über den Tod, über die Feinde unserer Seele. Im Thronen spüren wir unsere Würde. Wir sind Königssöhne, Königstöchter, mit göttlichem Leben erfüllt, von göttlichem Geist durchdrungen. Wir thronen aus Gnade, nicht aus eigener Leistung. Gott hat uns aus dem Staub erhöht und uns auf den Thron gesetzt. Wenn wir uns in diese Gebärde einlassen, ahnen wir etwas vom Geheimnis unserer Erlösung. Und wir spüren, wie uns das guttut, wie wir uns neu erleben, weit und frei, in Verbindung mit Gott und mit unserm eigentlichen Kern. Wir ahnen etwas von dem Vertrauen, das Christus uns schenkt, weil wir mit ihm schon teilhaben am Sieg über alles, was uns schaden kann.

Sich auf den Boden legen

Eine intensive Gebetsgebärde ist die sogenannte »prostratio«. Man legt sich auf den Boden, legt dabei die Hände vor sich und drückt die Stirne auf den Handrücken. Diese Gebärde ist in der Liturgie vorgesehen bei der Priesterweihe oder im Kloster bei der ewigen Profess (Ablegung der Ordensgelübde). Sie ist aber auch bei der Bischofsweihe und Abtsweihe vorgesehen: als eindrucksvolles Zeichen der Hingabe an Gott. Der Bischof wirft sich erst einmal zu Boden, bevor er aufgerichtet wird und dann von Gott mit Autorität betraut wird. Der Priester oder der Mönch, der ewige Profess ablegt, wird in dieser Haltung zuerst einmal mit seiner Menschlichkeit und Hinfälligkeit konfrontiert, bevor er den spirituellen Weg des Mönches geht oder zum Priester geweiht wird. Diese Haltung ist auch zu Beginn der Liturgie am Karfreitag vorgesehen. Der Priester und alle Ministranten werfen sich schweigend zu Boden, um offen zu werden für das Geheimnis, das in dieser Liturgie gefeiert wird: dass Jesus hinabgestiegen ist bis in die Tiefen menschlicher Bosheit und menschlichen Sterbens und dass darin das Geheimnis der Liebe Gottes offenbar wird. Es ist eine Gebärde tiefen Betroffenseins.

Bei Kursen lasse ich diese Gebärde manchmal machen. Für mich ist es eine Gebärde, die die Sehnsucht des Leibes nach Gott zum Ausdruck bringt. Ich zitiere vor dieser Gebärde immer Psalm 63: »Gott, du mein Gott, dich suche ich, meine Seele dürstet nach dir. Nach dir schmachtet mein Leib wie dürres, lechzendes Land ohne Wasser.« (Ps 63,2 f) Die Menschen machen mit dieser Gebärde sehr verschiedene Erfahrungen: Ich drücke auf diese Weise meine Ohnmacht aus. Ich weiß nicht, was ich beten soll. Ich fühle mich ohnmächtig, mein Leben so zu leben, wie ich es gerne möchte. Aber in dieser Ohnmacht fühle ich mich zugleich getragen von Gott. Manche erinnern sich in dieser Haltung daran, dass sie so am Strand liegen und sich als geborgen erfahren und geliebt fühlen: Ich brauche nichts zu *machen*. Ich bin einfach da vor Gott, ich erfahre es, von ihm getragen und geliebt zu werden. Indem ich mich dieser Haltung hingebe, wandelt sich die Ohnmacht in Geborgenheit, die Verzweiflung in Zuversicht und die Verwirrung in innere Klarheit und Vertrauen.

Ich rate zu dieser Gebärde in Situationen des Leids. Wenn ein lieber Mensch gestorben ist und ich vor Schmerz nicht mehr beten kann, oder wenn ich eine tiefe Enttäuschung erlebt habe, dann hilft mir diese Gebärde.

Ich brauche nichts zu sagen. Ich vertraue mich in dieser Gebärde ganz und gar Gott an, der mich trägt, in dessen gute Hände ich mich fallen lasse. In dieser Gebärde drücke ich nicht nur meine Sprachlosigkeit vor Gott aus, wenn ich nicht weiß, was ich ihm sagen soll. Aber zugleich drücke ich darin aus, dass ich mein ganzes Vertrauen auf ihn setze. Ich lasse mich in meiner Ohnmacht in Gott hinein fallen. Ich vertraue darauf, dass ich nicht tiefer fallen kann als in Gottes Hände, und dass ich in seinen Händen Geborgenheit und Halt erfahre. Ich lege mich gleichsam in den Staub, aber zugleich vertraue ich, dass Gott mich auch wieder aufrichten wird. Mir fällt bei dieser Gebärde der Psalmvers ein: »Wer gleicht dem Herrn, unserm Gott, im Himmel und auf Erden, ihm, der in der Höhe thront, der hinabschaut in die Tiefe, der den Schwachen aus dem Staub emporhebt und den Armen erhöht, der im Schmutz liegt?« (Ps 113,5–7)

Sich verneigen

In Asien begrüßen die Menschen einander, indem sie sich voreinander verneigen. Die Menschen drücken in dieser Gebärde die Ehrfurcht und Achtung vor dem anderen aus. Auch in der Liturgie gibt es diese Gebärde des Sich-Verneigens. Man verneigt sich vor dem Altar. Man verneigt sich vor dem Kreuz. Und man verneigt sich zum Gebet: »Ehre sei dem Vater«. Ich kann diese Gebärde aber auch beim persönlichen Gebet machen. Wenn ich in der Kirche sitze, kann ich meinen Kopf nach vorne beugen. Dann bin ich ganz gesammelt und ich drücke meine Ehrfurcht vor Gott aus, der so ganz anders ist. Oder aber ich verneige mich, wenn ich vor Gott stehe. Dann spüre ich den Unterschied: Auf der einen Seite darf ich aufrecht vor Gott stehen. Gott hat mich aufgerichtet, damit ich aufrichtig meinen Weg gehe. Wenn ich mich aber andererseits vor Gott verneige, drücke ich meinen Abstand zu ihm aus. Gott ist der ganz andere. Ich verneige mich vor ihm. Er ist der Größere.

Wenn wir Mönche zusammen das Chorgebet halten, dann verneigen wir uns nach jedem Psalm zum »Ehre sei dem Vater«. Dabei unterscheiden wir die tiefe Verneigung, die wir beim Rezitieren eines Psalmes machen, und die mittlere Verneigung, die wir beim Singen machen. Wenn wir am Morgen uns nach jedem Psalm tief verneigen, ist das für mich eine intensive Übung. Sie tut einmal körperlich gut, weil ich den Rücken dabei aktiviere. Aber sie ist auch Ausdruck der Ehrfurcht vor Gott. Ich bekenne in dieser Gebärde, dass Gott der unbegreifliche und unendliche Gott ist. In der mittleren Verneigung beim Singen erinnere ich mich zumindest daran, dass alles Singen aus Ehrfurcht vor Gott geschieht. Im Kloster haben wir außerdem den Brauch, dass wir uns immer, wenn der Name Jesus Christus genannt wird, verneigen. Es ist dann die kleine Verneigung, in der wir nur den Kopf nach unten beugen. Alle Verneigungen drücken die Ehrfurcht vor Gott oder vor Jesus Christus aus. Und sie machen uns wach für das Geheimnis des Gebetes, dass wir vor Gott beten. Die Verneigung erinnert uns auch an die Haltung, die Lukas dem Zöllner zuschreibt. Er wagt nicht, die Augen zum Himmel zu erheben. Er steht gebeugt da und schlägt sich an die Brust. Er spürt sich selbst in dieser Gebärde als ein Mensch, der weit hinter dem zurückbleibt, was er von seinem Wesen her sein könnte. Und er spürt den Abstand zu Gott, der so ganz anders ist als der Mensch.

Die Hände in der Brustmitte halten

Eine Gebetshaltung, die gerade für die Adventszeit gut passt, ist: Ich lege meine beiden Hände auf die Brustmitte. Die Brustmitte ist ein besonders energetischer Ort. Für mich ist sie der Ort, an dem ich mit meiner Sehnsucht in Berührung komme. Ich kann diese Haltung für mich allein machen. Dann spüre ich in mir die Sehnsucht nach Liebe und Wärme. In mir tauchen vielleicht auch kindliche Wünsche und Sehnsüchte auf. Aber ich trauere diesen Wünschen und Sehnsüchten nicht nach. Ich spüre vielmehr, dass das, wonach ich mich als Kind gesehnt habe, schon in mir ist.

Ich mache diese Gebärde im Chorgebet, wenn der Abt laut das Vaterunser vorbetet. Dann höre ich die Worte des Vaterunsers anders. Ich erlebe dann das, was der hl. Augustinus über das Beten des Vaterunsers gesagt hat. Er meint: Wenn wir »Dein Reich komme« beten, dann wecken wir mit diesen Worten unsere Sehnsucht nach dem Reich Gottes. Das Reich Gottes wird kommen, ob wir beten oder nicht. Aber wir beten, damit unsere Sehnsucht nach dem Reich gestärkt wird. Wenn ich mit den Händen in der Brustmitte das Vaterunser bete, dann wird es mein persönliches Gebet, dann wärmt es mein Herz. Ich spüre in den Worten die Liebe, die Jesus in diese Worte hineingelegt hat. Und dann entspricht das Gebet meiner tiefsten Sehnsucht, dass ich ganz und gar von Gottes Geist und von Jesu Liebe durchdrungen werde.

Und ich mache diese Gebärde, wenn ich das Jesusgebet bete. Beim Einatmen sage ich die Worte »Herr Jesus Christus«, und ich stelle mir vor, dass die Liebe Jesu in mein Herz strömt. Beim Ausatmen sage ich dann: »Sohn Gottes, erbarme dich meiner«. Ich lasse die Liebe Jesu in den ganzen Leib strömen. Die Gebärde der Hände, die ich auf die Brustmitte lege, machen für mich das Jesusgebet zu einem ganz persönlichen und intimen Gebet. Und es wird ein emotionales Gebet, nicht nur ein Gebet mit dem Kopf. Nicht umsonst nennen die Mönche des Ostens das Jesusgebet auch Herzensgebet. Alle Gebete, die ich in dieser Haltung bete, werden so zu Herzensgebeten, zu Gebeten, in denen das Herz sich für Gott öffnet und in denen die Sehnsucht nach Gott das Herz immer mehr erfüllt.

Die Hände über der Brust kreuzen

Die frühen Christen haben Jesus am Kreuz als die Urgestalt des Beters gesehen. Am Kreuz umarmt Jesus die ganze Welt. Er umarmt auch in mir alle Gegensätze, die in mir vorhanden sind. Daher ist es eine schöne Gebetsgebärde, wenn ich die Hände über meiner Brust kreuze. Ich umarme mich dann selbst. Es ist eine Haltung, die mir guttut. Ich bin ganz bei mir. Und dann kann ich mir vorstellen, dass ich alle meine Gegensätze in mir umarme: »Weil ich von Christus am Kreuz umarmt bin, umarme ich in mir das Starke und das Schwache, das Gesunde und das Kranke, das Heilgebliebene und das Zerbrochene, das Gelebte und das Ungelebte, das Gelungene und das Misslungene, den Glauben und den Unglauben, das Vertrauen und die Angst, die Freude und die Trauer, das Helle und das Dunkle, das Bewusste und das Unbewusste.« Wenn ich in dieser Haltung vor Gott stehe, bin ich ganz gesammelt. Und ich kann mich annehmen, wie ich bin. Ich gehe liebevoll mit mir um. Und ich weiß mich von Christus ganz und gar geliebt, angenommen, umarmt.

Diese Haltung ist aber zugleich ein Schutz für den inneren Raum der Stille. Ich schütze den Raum der Stille auf dem Grund meiner Seele. Und in diesem inneren Raum der Stille bin ich frei von allen Erwartungen der Menschen. Da bin ich heil und ganz, da können die verletzenden Worte anderer Menschen nicht eindringen. Da bin ich ursprünglich und authentisch. Alle Bilder, die mir andere übergestülpt haben, lösen sich auf. Ich bin ganz ich selber. Ich darf einfach sein, ohne mich rechtfertigen oder verteidigen oder etwas vorweisen zu müssen. Dort bin ich rein und klar. Die Schuldgefühle haben dort keinen Zutritt. Und dort kann ich bei mir daheim sein, weil Gott, das Geheimnis, selbst in mir wohnt.

Ich kann diese Gebärde auch nach der Kommunion machen. Dann umarme ich nicht nur mich selbst, sondern Christus in mir. Und ich weiß mich ganz und gar von Christus umarmt, der in der Kommunion eins mit mir geworden ist und alles Gegensätzliche in mir mit seiner Liebe und seinem Licht durchdringt, erhellt und verwandelt.

Wenn ein Mönch im Kloster die Profess ablegt, dann breitet er zuerst die Hände aus und singt dabei die Worte: »Suscipe me domine secundum eloquium tuum et vivam« (»Nimm mich auf, o Herr, nach deinem Wort, und ich werde leben«). Dann kniet er nieder und kreuzt die Arme über der Brust und singt: »Et ne confundas me in exspectatione mea« (»Enttäusche mich nicht in meinem Vertrauen, in meiner Erwartung«). Diese Gebärde drückt das Vertrauen aus, dass Gott mich ganz und gar aufnimmt und annimmt und mich nicht enttäuscht.

Die Hände vor das Gesicht halten

Als Kinder haben wir in der Vorbereitung auf die Erstkommunion gelernt, dass wir nach der Kommunion die Hände vor das Gesicht halten. Wir haben uns dann als Kinder nach dem Kommunionempfang hingekniet und die Hände vor das Gesicht gehalten. Wir waren ganz gesammelt. Wir wollten das Heilige in uns schützen und uns nicht von andern in unserer Konzentration auf das heilige Geschehen stören lassen. Heute ist diese Haltung kaum mehr üblich. In der Kirche macht niemand diese Gebärde nach der Kommunion.

Aber manchmal beobachte ich Menschen, die sich still in eine Kirche zurückgezogen haben, dass sie knien und die Hände vor das Gesicht halten. Auf mich macht das den Eindruck großer Konzentration. Die Menschen sind ganz bei sich. Und ich spüre, dass diese Menschen oft an etwas leiden. So drücken sie mit dieser Gebärde ihre Ohnmacht aus, sich selber helfen zu können, aber zugleich auch das Vertrauen, dass Gott ihnen beisteht.

Manchmal probiere ich, wenn ich allein bin, diese Haltung aus. Dann erinnere ich mich nicht nur an meine Kindheit und daran, mit welcher Ehrfurcht ich damals die Kommunion empfangen habe, wie sie für mich etwas Heiliges war. Ich spüre auch, dass es eine Gebärde der Zärtlichkeit ist. Ich berühre mein Gesicht mit meinen Händen. Es ist wie ein Streicheln. Und es ist wie ein Sichbergen in meinen Händen. Und so stelle ich mir vor, dass Gott seine Hände an mein Gesicht hält, dass ich seine Nähe zärtlich spüre. Es ist eine Gebärde der Intimität. Ich bin allein mit meinem Gott. Nichts von außen stört mich. Und ich drücke darin die Sehnsucht aus, dass ich Gottes Nähe im Gebet leibhaft spüre.

Die Hände zum Segen erheben

Eine uralte Gebetsgebärde ist die Segensgebärde. Ich erhebe die Hände zum Segen. Die Handflächen sind dabei nach vorne gerichtet. Es ist eine Gebärde, die schon über zehntausend Jahre alt ist. Sie wird von den verschiedenen Völkern und Religionen jeweils anders gedeutet. Für die Indianer sind die erhobenen Hände ein Bild dafür, dass wir die Sonne in die Herzen der Menschen scheinen lassen. Die Indianer beten nicht die Sonne an. Die Sonne ist für sie vielmehr ein Bild für Gott, der unsere Dunkelheit erhellt und das Kalte unserer Herzen wärmt. Die Juden verbanden diese Gebärde mit dem aaronitischen Segen, dem ältesten überlieferten Segensspruch der Bibel, der bis heute im jüdischen und christlichen Gottesdienst gebetet wird: »Der Herr segne dich und behüte dich; der Herr lasse sein Angesicht leuchten über dir und sei dir gnädig; der Herr hebe sein Angesicht über dich und gebe dir Frieden.« (4. Mose 6, 24–26). Eine evangelische Religionspädagogin nennt diesen Segen einen mütterlichen Segen:

Die Mutter weckt morgens das Kind auf und lächelt es an. So soll Gottes gnädiges Antlitz über uns leuchten. Wir Christen verbinden diese Gebärde mit der Haltung Jesu. Von Jesus erzählt uns Lukas, dass er beim Abschied von seinen Jüngern die Hände zum Segen erhob: »Jesus führte sie (seine Jünger) hinaus in die Nähe von Betanien. Dort erhob er seine Hände und segnete sie. Und während er sie segnete, verließ er sie und wurde zum Himmel emporgehoben.« (Lk 24,50 f)

Für mich ist die Segensgebärde zu meinem Morgenritual geworden, ein Ritual, das ich auch den Menschen in meinen Kursen und Vorträgen empfehle. Ich erhebe die Hände zum Segen und stelle mir die Menschen vor, die ich segnen möchte: bestimmte Mitbrüder, Menschen, die krank sind, mit denen ich mich verbunden fühle. Anderen empfehle ich, sie sollten sich vorstellen, wie der Segen Gottes durch ihre Hände zu ihren Kindern und Enkelkindern strömt und sie wie ein schützender Mantel einhüllt. Ich kann den Segen auch in die Räume strömen lassen, in denen ich wohne und arbeite. Dann habe ich das Gefühl, dass ich in gesegneten Räumen wohne und arbeite. Und ich kann den Segen zu denen fließen lassen, mit denen und für die ich arbeite. Wenn ich das tue, beginnt mein Tag anders, und ich werde den Menschen auf neue Weise begegnen. Es sind nicht nur die manchmal schwierigen Mitmenschen, sondern es sind gesegnete Menschen. Ich kann diese Gebärde auch machen, wenn ich vor einem schwierigen Gespräch, einer Sitzung, einer Prüfung stehe. Dann lasse ich den Segen Gottes in diese Situation hineinströmen. Das verwandelt die Situation, und es verwandelt meine innere Haltung. Ich werde gelassener und gehe vertrauensvoller in das Gespräch oder in die Prüfung.

Das Kreuzzeichen

Eine Weise des Betens, die die frühen Christen schon im ersten Jahrhundert praktizierten, ist das Kreuzzeichen. Die frühen Christen wollten in diesem Zeichen ausdrücken, dass die Liebe, mit der Jesus sie bis zur Vollendung geliebt hat, in alle Bereiche ihres Leibes und ihrer Seele strömt. Das Kreuzzeichen hat also als Grundlage eine ganze bestimmte Deutung des Kreuzes. Es ist die Deutung des Johannesevangeliums, für den das Kreuz der Gipfel der Liebe Jesu ist. »Da er die Seinen liebte, liebte er sie bis zur Vollendung.« (Joh 13,1) Und am Kreuz wird Jesus verherrlicht, weil er gezeigt hat, dass die Liebe über den Hass siegt.

Das große Kreuzzeichen beginnt damit, dass ich mit den Fingern der rechten Hand meine Stirne berühre und mir vorstelle: Die Liebe strömt in mein Denken hinein, damit ich Gedanken des Friedens denke und nicht des Verderbens. Unsere Gedanken sind ja oft von negativen Emotionen geprägt, von Hass oder Eifersucht oder Neid. Es sollen Gedanken der Liebe sein.

Dann führe ich die Finger der rechten Hand an den Unterbauch. Die Liebe, mit der mich Jesus am Kreuz bis zur Vollendung gelliebt hat, soll auch in meine Vitalität und in meine Sexualität hineinströmen. Alles in mir soll von Liebe geprägt sein. Die erotische Kraft soll von Liebe und nicht von Gier erfüllt sein.

Dann führe ich die Finger an die linke Schulter. Die Liebe Jesu möge vom Kreuz herab in mein Unbewusstes strömen, in die oft chaotischen Bilder meiner Träume, in die Tiefen meines Unbewussten, vor dem ich oft Angst habe, weil ich nicht weiß, was da alles in mir ist. Das Kreuzzeichen nimmt mir die Angst vor dem Unbewussten. Alles ist von Liebe erfüllt. Die linke Schulter steht auch für meine weibliche Seite. Auch sie soll von Liebe geprägt sein, von einer Liebe, die nährt und nicht vereinnahmt. Die linke Seite steht zudem für das Herz: Auch mein Herz soll von der Liebe Jesu erfüllt werden.

Dann berühre ich mit den Fingern meine rechte Schulter. Sie steht für die bewusste Seite. Die Liebe soll mein Bewusstsein durchdringen. Und sie soll meine männliche Seite prägen. Mein Handeln soll Ausdruck der Liebe sein und nicht mein Machtbedürfnis befriedigen.

Wir verbinden im Westen das Kreuzzeichen oft mit der trinitarischen Formel: »Im Namen des Vaters und des Sohnes und des Heiligen Geistes.« Der dreieinige Gott möge uns berühren und verwandeln. Syrische Christen haben diese trinitarische Formel erweitert: »Im Namen des Vaters, der uns ausgedacht und gebildet hat. Und des Sohnes, der hinabgestiegen ist in die Tiefen unseres Menschseins. Und des Heiligen Geistes, der das Linke zum Rechten wendet.« Mit dieser Formel wird das Wesen unseres christlichen Glaubens ausgedrückt. Gott als Vater ist der Schöpfer, der die ganze Welt erschaffen hat. Er soll unser Denken prägen. Der Sohn Gottes ist in seiner Menschwerdung hinabgestiegen zur Erde, hinabgestiegen auch in das Schattenreich unserer Seele, damit wir mit ihm hinabsteigen in die Tiefen unserer Seele. Der Sohn will uns von aller Angst befreien, dass in unserer Tiefe etwas Dunkles und Dämonisches liegt. Ich kenne Menschen, die Angst haben, in sich hineinzuhorchen, weil sie da etwas Dämonisches vermuten. Ihnen sage ich: Das Kreuz hat alle Tiefen unseres Menschseins erfüllt und geheilt. Und der Heilige Geist hat die Aufgabe, die Gegensätze in uns miteinander zu verbinden. Der Geist Gottes soll alles in uns durchdringen. Und er soll unsere innere Zerrissenheit heilen, uns eins werden lassen mit Gott und mit uns selbst und mit den Menschen.

5.

Gebet als Begegnung

Gebet ist nicht nur Sprechen mit Gott, und Gebet geschieht nicht nur in Gebärden. Das Gebet ist wesentlich Begegnung mit Gott. Viele wissen nicht, was sie beten sollen. Ihnen rate ich, das Gebet nicht nur als Dialog mit Gott zu sehen, sondern als Begegnung. In der Begegnung mit Gott begegne ich immer auch mir selbst. Für mich geschieht die Begegnung mit Gott in vier Schritten.

Der erste Schritt ist die Begegnung mit mir selbst. Ich frage mich: Wer bin ich, der jetzt vor Gott tritt? Nehme ich nur meine frommen Seiten mit, wenn ich vor ihn trete? Oder begegne ich Gott mit allem, was ich bin? Und wer ist diese einmalige Person in mir? Bin ich nur Mann oder Frau oder Mönch oder Ehemann oder Ehefrau? Oder definiere ich mich von meinem Beruf her? Wer ist dieses Selbst, das da betet? Ich kann mein Selbst nicht beschreiben. Aber wenn ich anfange zu beten, sollte ich gut bei mir selbst sein und erst einmal auf mich hören. Die Psychologie spricht auch von verschiedenen Aspekten unserer Persönlichkeit. Ins Gebet sollte ich mein wahres Selbst, das innerste Selbst hineingehen lassen.

Der zweite Schritt ist die Frage: Wer ist dieser Gott, dem ich jetzt begegne? Manche beginnen sofort mit dem Beten, aber sie sind sich gar nicht bewusst, zu wem sie beten. Die Frage nach Gott können wir letztlich nicht beantworten. Aber sie zwingt uns, unsere Bilder von Gott zu hinterfragen. Gott ist Vater und Mutter, er ist Freund und Herr und Schöpfer. Aber alles, was ich von Gott sage, sind Worte und Bilder von Gott. Gott ist jenseits aller Worte und Bilder. Wenn ich bete, sollte ich mir bewusst werden, dass ich zu dem unbegreiflichen Geheimnis Gottes bete. Aber Beten als Begegnung meint auch, dass ich zu einem Du bete. Gott ist bei aller Unbegreiflichkeit doch eine Person, ein Du, zu dem ich bete. Aber auch hier können wir Gott nur in Gegensätzen denken: Gott ist persönlich und überpersönlich. Manchmal verschwindet das Du hinter dem Gott als Liebe, als Kraft, als Wahrheit, als Schönheit. Und dann wieder spüre ich, dass ich einem Du gegenüber bin, das mich anschaut, anspricht, das mich in meine eigene Wahrheit führt.

Der dritte Schritt des Betens ist das Gespräch mit Gott. Ich kann Gott alles sagen, was in mir auftaucht. Ich muss nicht nach frommen Worten suchen. Ich darf einfach sagen, was mich bewegt. Ich kann es in Worten ausdrücken. Aber ich kann auch einfach still vor Gott sitzen und die Gedanken und Gefühle, die in mir sind, auftauchen lassen. Dann halte ich die Gedanken und Gefühle Gott hin. Oft kann ich das, was in mir ist, nicht in Worte fassen. Ich halte einfach meine Wahrheit hin. Und ich stelle mir vor, wie Gottes Liebe in die Tiefen meiner Seele einströmt, in meinen Ärger, in meine Enttäuschung, in meinen Neid, in meine Angst, in meine Traurigkeit, in meine Ohnmacht und in meine Zerrissenheit. Das Gebet will alles in mir mit der Liebe Gottes durchdringen. Manchmal ist es aber auch gut, was in mir ist, in Worten auszudrücken. Ich mache manchmal mit den Kursteilnehmern folgende Übung: Ich setze mich eine halbe Stunde in mein Zimmer und spreche laut mit Gott. Ich höre mich selbst sprechen: Was möchte ich Gott sagen? Was bewegt mich momentan wirklich? Wenn ich das, was in mir ist, in Worten ausdrücke, die ich selber höre, merke ich vielleicht auf einmal: Das waren jetzt nur Floskeln. Das ist noch nicht meine eigentliche Wahrheit. Das laute Sprechen zwingt mich, allmählich das in Worte zu fassen, was mich in der Tiefe meiner Seele wirklich bewegt, wonach ich mich wirklich sehne. Und manchmal merke ich beim Sprechen, dass ich gar keine große Lust habe zu beten, dass es mir langweilig wird. Dann drücke ich meine Langweile, meine Unlust in Worten aus. Das führt mich immer tiefer in meine Wahrheit hinein. Und die halte ich dann Gott hin.

Manche Kritiker meinen, Gebet sei im Grunde ein Selbstgespräch, und sie verweisen darauf, es gebe in der Antike, bei den Griechen und bei den Babyloniern z. B. das Gespräch mit seiner eigenen Seele. Aber es ist ein Unterschied, ob ich ein Selbstgespräch führe, oder ob ich mich an Gott wende. Natürlich wird da manchmal der Zweifel aufkommen: »Sitze ich da vor einer leeren Wand? Wer ist dieser Gott, zu dem ich spreche?« Gott ist nicht immer so klar zu benennen. Aber zum Gebet gehört wesentlich, dass ich aufschaue zu einem Du, das größer ist als ich selbst. Natürlich sollen wir immer wissen, dass dieser Gott, zu dem wir sprechen, ganz anders ist als alle unsere Bilder. Als jemand C. G. Jung fragte, warum er an Gott glaube und zu ihm bete, antwortete er: »Ich weiß, dass ich offenbar mit einer an sich unbekannten Größe konfrontiert bin, die ich in consensu omnium ›Gott‹ nenne. Ich gedenke Seiner, ich rufe Ihn an, wann immer ich mich Seines Namens bediene, in Zorn oder in Angst, und wann immer ich unwillkürlich sage: ›O Gott‹. Das geschieht dann, wenn ich jemandem oder etwas begegne, die stärker sind als ich.« (Jung, Briefe III, 276) Gott ist nicht einfach ein Ausdruck für das Unbewusste, mit dem ich im Gebet in Berührung komme. Er ist ein Du, einer, der mir gegenübersteht, obwohl er zugleich in mir wohnt. Aber im Gebet wende ich mich an Gott als den, der mir als Du gegenübersteht, der mich in Frage stellt, der mich in meine eigene Wahrheit führen möchte. Dieses Du ist nicht immer so klar wie das Du eines Freundes. Aber letztlich traue ich der Weisheit meiner Seele, die mir sagt, dass ich vor Gott und zu Gott bete. Mich hat bewegt, dass C. G. Jung in seiner Antwort auf die Frage nach dem Glauben auch von einem persönlichen Gott spricht: »Insofern der Ursprung dieser Schicksalsmacht meinem Einfluss entzogen ist, nenne ich sie in ihrem negativen wie in ihrem positiven Aspekt, der Tradition entsprechend, ›Gott‹. Ich nenne sie einen ›persönlichen Gott‹, da mein Schicksal im eigentlichen Sinn auch mich selbst darstellt, vor allem wenn jene Macht in Gestalt des Gewissens an mich herantritt als eine vox Dei, mit der ich sogar sprechen und mich auseinandersetzen kann.« (C. G. Jung, Briefe III 276) Wenn ich selber bete, denke ich nicht wie Jung an eine Schicksalsmacht, sondern an den Gott, der hinter aller Unbeschreibbarkeit doch ein persönlicher Gott, ein Du ist, zu dem und mit dem ich spreche.

Der vierte Schritt des Betens als Begegnung ist das Schweigen. Ich sitze vor Gott und werde still vor ihm. Ich stelle mir vor, dass Gott mich anschaut. Und ich schaue ihn an. Das genügt. Ich sitze in Gottes Gegenwart, eingehüllt von seiner Liebe. Das ist oft ein schönes Gefühl. Ich fühle mich geborgen. Und ich muss in diesem Augenblick gar nichts sagen, gar nichts tun, gar nichts vorweisen. Ich darf einfach nur sein. Das befreit mich auch von allem Druck, ich müsste gut beten. Beten als Schweigen ist einfach nur Dasein, absichtsloses Dasein, aber zugleich Geborgensein in Gottes Liebe.

Und Schweigen ist Hören. Ich höre auf zu sprechen, damit Gott zu mir sprechen kann. Natürlich spricht Gott nicht so wie ein Freund zu mir. Aber wenn ich im Gebet still werde, dann tauchen in mir Gedanken auf. Und ich darf vertrauen, dass diese Gedanken von Gott kommen, dass Gott in diesen Gedanken zu mir spricht. Die Mönche unterscheiden allerdings Gedanken, die von Gott kommen und die von Dämonen kommen. Die Gedanken, die von Gott kommen, bewirken immer Lebendigkeit, Freiheit, Friede und Liebe. Die Gedanken, die von den Dämonen – oder wie wir heute eher sagen würden: vom eigenen Über-Ich – kommen, bewirken Enge, Angst und Überforderung. Beim Propheten Jesaja heißt es: »Hört, dann werdet ihr leben.« (Jes 55,3) Im Hören auf Gottes Stimme, die in meinem Innern manchmal als ein innerer Impuls ertönt, fühle ich mich dem Grund allen Seins zugehörig. Und im Hören erkenne ich, worum es in meinem Leben eigentlich geht. Ich höre keine bestimmte Antwort. Aber im Hören erahne ich, wer ich eigentlich bin und was mein Weg in dieser Welt ist.

Das Grundgebet der Juden, das sie im Gottesdienst immer wieder rezitieren, ist das »Schema Israel«: »Höre, Israel! Jahwe, unser Gott, Jahwe ist einzig. Darum sollst du den Herrn, deinen Gott, lieben mit ganzem Herzen, mit ganzer Seele, und mit ganzer Kraft.« (Dt 6,4) Das Wesen des gläubigen Juden besteht demnach darin, dass er hört. Er hört, dass Jahwe einzig ist. Das ist keine dogmatische Aussage, sondern eine Aussage der Liebe. »Gott allein genügt«, so drückt später Teresa von Avila diese jüdische Erfahrung aus. Gott ist mein einzig Geliebter. Gott ist für mich einzigartig. Hinter ihm verblasst alles andere. Das muss ich mir aber immer wieder sagen lassen, denn allzu leicht drängt sich anderes in den Vordergrund. Im Hören öffnet sich Israel immer wieder der Grundlage seiner Existenz: dem Gott, der einzigartig ist, der die einzige Wirklichkeit ist, für die es sich zu leben und zu sterben lohnt.

Gebet als Schweigen bedeutet für mich aber noch etwas anderes. Ich sitze nicht nur still vor Gott. Das Gebet will mich vielmehr in den inneren Raum auf dem Grund meiner Seele führen, der schon still ist. Die Mönche sagen: In uns ist schon ein Raum der Stille. Wir müssen ihn gar nicht schaffen. Wir sind oft genug nur abgeschnitten von diesem inneren Ort. Zuviel Gedanken und Sorgen haben sich darübergelegt. Das Gebet will mich mit diesem Ort der Stille in Berührung bringen. Und an diesem Ort erfahre ich mich auf fünf verschiedene Weisen: 1. Ich bin frei von den Erwartungen und Ansprüchen der Menschen. 2. Ich bin heil und ganz. Die verletzenden Worte der Menschen treffen mich zwar immer noch emotional, aber in diesem inneren Raum können sie nicht vordringen. 3. Ich bin ursprünglich und authentisch. Die Bilder, die andere mir übergestülpt haben, und meine eigenen Selbstbilder lösen sich auf. Ich bin einfach da, ohne alle

Bilder. Ich bin reines Sein, so wie Gott reines Sein ist. 4. Ich bin rein und klar. Die Schuldgefühle haben zu diesem inneren Raum keinen Zutritt. 5. Dort, wo das Geheimnis Gottes in mir wohnt, kann ich bei mir selbst daheim sein. So führt mich das Gebet nicht nur zu Gott, sondern auch zu mir selbst, zu meinem wahren Selbst, zu dem inneren Raum der Seele, in dem Gott wohnt und in dem zugleich mein wahres Selbst zu finden ist.

6.

Vorformulierte Gebete in der Tradition

In allen Religionen gibt es nicht nur das spontane Beten, sondern auch vorformulierte Gebete. Es gibt liturgische Gebete, die immer gleich bleiben. Oft sind diese Gebete poetisch formuliert. Sie drücken auf dichterische Weise unsere Beziehung zu Gott aus. Man darf beides nicht gegeneinander ausspielen. Es braucht beides: das gemeinsame liturgische Gebet, das immer schon vorgegeben ist, und das persönliche Gebet mit eigenen Worten. Jesus selbst hat den Jüngern ein vorformuliertes Gebet geschenkt. Indem seine Jünger diese Worte sprechen, beten sie im Sinne Jesu. Und sie kommen durch diese Worte in Berührung mit Gott und mit dem eigentlichen Sinn ihres Lebens. Die Worte öffnen ihren Geist für Gott. Aber es kommt darauf an, diese Worte mit ganzem Herzen zu beten und sie nicht einfach nur nachzuplappern. Jesus hat seinen Jüngern eingeschärft: »Wenn ihr betet, sollt ihr nicht plappern wie die Heiden, die meinen, sie werden nur erhört, wenn sie viele Worte machen. Macht es nicht wie sie; denn euer Vater weiß, was ihr braucht, noch ehe ihr ihn bittet.« (Mt 6,7–9) »So sollt ihr beten«, sagt er, und dann folgt das Vaterunser. Es ist das vorformulierte Gebet, das eine Richtschnur für all unser persönliches Beten ist. Es soll uns im Gebet immer darum gehen, dass Gott in unser Leben tritt, dass Gott die eigentliche Mitte wird und wir diesem Gott unser Leben vorlegen, damit er es mit seiner Liebe und seinem Geist verwandelt.

Wenn wir als Christen gemeinsam beten, beten wir oft die gleichen Grundgebete: das Vaterunser, das Ave Maria, das Ehre sei dem Vater und den Engel des Herrn. Manche wehren sich gegen solche gemeinsamen Gebete, weil sie schon so oft gebetet worden sind und oft nur gedankenlos dahingesagt werden. Doch für mich ist es wichtig, immer nach dem Sinn dieser Worte zu fragen und sie für mich so zu deuten, dass sie zu meinem persönlichen Gebet werden. Wenn ich die Worte verstehe, geht mir auf, worum es in meinem Leben gehen sollte. Doch wenn ich an die alten Gebete denke, dann stelle ich mir immer vor, dass diese Gebete von vielen Christen seit Jahrhunderten gebetet worden sind. Ihre Sprache mag altmodisch klingen. Aber sie ist angereichert durch die Erfahrungen von vielen Christen, erfüllt von der Glaubenskraft und Lebenskraft all der Christen, die diese Worte in ihrem Leben immer wieder gebetet und an denen sie sich in Krisenzeiten festgehalten haben. Indem ich diese Worte bete, habe ich teil an der Lebenskraft und Glaubenskraft meiner Vorfahren im Glauben.

Vaterunser

Das Vaterunser, das wir gemeinsam beten, ist nicht das Gebet, das uns Lukas überliefert, sondern das Matthäus in die Mitte der Bergpredigt gestellt hat. Ich möchte das Gebet kurz auslegen und mich dann darauf beschränken, wie wir es heute beten könnten.

Bei Matthäus ist schon die erste Bitte wichtig: »Vater unser«. Wir beten nicht nur persönlich zu unserem Gott, sondern wir beten zum Gott aller Menschen. Indem wir beten, fühlen wir uns solidarisch zu allen Menschen. Gott ist ein Gott aller Menschen. Und dieser Gott ist »im Himmel«. Wir schauen also auf zum Himmel. Wir erheben unsere Augen, wenn wir beten.

Die ersten beiden Bitten sind bei Matthäus gleich. Es geht Jesus auch bei Matthäus darum, dass Gott wieder der Mittelpunkt unseres Lebens wird und dass sein Reich komme, nicht nur persönlich für uns, sondern auch für die Welt. In der Welt soll Gott herrschen und nicht die Mächtigen dieser Welt. Nach diesen Bitten heißt es bei Matthäus weiter: »Dein Wille geschehe, wie im Himmel, also auch auf Erden.« Wir dürfen um alles bitten, was uns ein Anliegen ist. Aber am Ende jedes Gebetes steht auch dieses Wort: »Dein Wille geschehe!« Vielen fällt dieses Wort schwer, vor allem, wenn ihnen ein lieber Mensch gestorben ist, für den sie so eifrig gebetet haben. Doch der Wille Gottes ist nicht etwas, das uns fremd ist. Der Wille Gottes ist letztlich das, was unserem wahren Wesen entspricht. Es soll das geschehen, was uns durch alle Schicksalsschläge zu unserem wahren Selbst führt. Die Bitte bei Matthäus hat aber auch noch einen anderen Sinn. Matthäus stellt das Vaterunser in die Mitte der Bergpredigt. In unserem Handeln sollen die Weisungen Jesu erfüllt werden. Durch unser Tun soll Gottes Wille auf Erden geschehen. Diese Bitte ist also letztlich die Antwort auf die sechs Antithesen, in denen Jesus uns neue Verhaltensweisen vorschlägt, kreative Lösungen, wie wir auf Konflikte reagieren sollen. Ohne Gebet – so meint Matthäus – können wir die Bergpredigt nicht erfüllen. Da wäre sie eine moralische Überforderung. Aber umgekehrt gilt auch: unser Beten darf nicht folgenlos bleiben. Unser Beten muss sich ausdrücken in einem neuen Verhalten. Im Vaterunser, so wie es Matthäus versteht, ist letztlich schon die Einheit von »ora et labora«, von Kampf und Kontemplation, von Mystik und Politik ausgedrückt.

Die Brotbitte ist bei Matthäus ähnlich wie bei Lukas. Gott möge uns das tägliche Brot heute geben. Die Vergebungsbitte unterscheidet sich von der bei Lukas. Statt Sünden ist hier von Schulden die Rede. Und wir bitten um das Erlassen unserer Schulden, weil wir sie schon denen erlassen haben, die uns etwas schuldig sind. Dem Gebet muss also unser Verhalten vorausgehen. Wir sollen erst um Vergebung bitten, wenn wir schon vergeben haben. Bei Lukas ist es umgekehrt: Wir bitten um die Vergebung Gottes, damit auch wir fähig werden, andern zu vergeben. Wenn wir heute das Vaterunser beten, können wir den verschiedenen Sinn bei Matthäus und Lukas zusammennehmen. Beides ist wichtig: unsere Bereitschaft zu vergeben, und die Tatsache, dass wir schon vergeben haben.

Auf die Bitte um Bewahrung vor der Versuchung fügt Matthäus hinzu: »sondern erlöse uns von dem Bösen«. (Mt 6,13) Matthäus weiß von der Macht des Bösen in der Welt. Gott möge uns retten vor dem Bösen, er möge uns bewahren. Das griechische Wort »sozein«, das hier im Bibeltext steht, kann erlösen, retten, heilen und bewahren bedeuten. Gott möge unser wahres Selbst schützen, damit es nicht vom Bösen infiziert und getrübt wird.

Gerade beim Vaterunser können wir uns vorstellen, wie unsere verstorbenen Eltern und Großeltern und Urgroßeltern oder wie Menschen, die wir gekannt haben und die jetzt bei Gott sind, diese Worte gebetet haben. Dann haben wir teil an ihrer Glaubenserfahrung. Ich muss beim Vaterunser immer an meinen Vater denken, der dieses Gebet geliebt hat. Nach dem Krieg war es für ihn der Retter aus allen Bedrängnissen, etwa aus der finanziellen Krise, in die er durch den Konkurs seines Geschäftes geraten war, oder auch aus dem Unrecht, das ihm geschehen ist. Manchmal habe ich den Tonfall noch im Ohr, mit dem mein Vater diese Worte gesprochen hat. Und ich kann mich an die Stimme meiner Mutter erinnern. Sie klang bei diesem Gebet immer voller Vertrauen. Da spürte ich dann, dass ihr dieses Gebet Hoffnung schenkte, dass alles gut wird. Wenn wir dieses Gebet in der Eucharistiefeier beten, stelle ich mir vor, dass meine Eltern oder Mitbrüder, an die ich mich gerne erinnere, diese Worte jetzt als Schauende beten, während ich es als suchender, zweifelnder und glaubender Mensch bete, manchmal auch als zerstreuter oder sich leer fühlender Mensch. Dann verbindet das Vaterunser Himmel und Erde, uns Lebende mit den Verstorbenen, die jetzt die Erfüllung dieses Gebetes erfahren.

Gegrüßest seist du, Maria

Oft schließen wir an das Vaterunser das »Gegrüßet seist du, Maria« an. Der erste Teil des Gebetes stammt aus dem Lukasevangelium: Der Engel spricht Maria an: »Sei gegrüßt, Begnadete, der Herr ist mit dir.« (Lk 1,28) So beginnt auch das Gebet: »Gegrüßest seist du, Maria, voll der Gnade, der Herr ist mit dir.« Die nächsten Worte stammen von Elisabeth, die Maria anspricht, als sie zu Besuch kommt: »Gesegnet bist du mehr als alle anderen Frauen, und gesegnet ist die Frucht deines Leibes.« (Lk 1,42) Wenn wir diese Worte beten, denken wir nicht nur an Maria. Maria ist vielmehr Vorbild, ja geradezu ein Typos für uns erlöste Menschen. Die Worte des Engels und die Worte Elisabeths gelten daher auch uns. Wir sind voll der Gnade. Gott ist mit uns. Und wir sind gesegnet, und gesegnet ist die Frucht, die nicht nur unser Leib, sondern auch unsere Seele bringt. Gesegnet möge alles sein, was durch unsere Hände getan wird. Indem wir diese Worte beten, kommen wir in Berührung mit dem Glauben Marias und mit ihrem Vertrauen auf die Worte des Engels. Wir beten diese Worte, damit wir selber mehr und mehr dem trauen, was Gott uns zutraut.

Nach diesen biblischen Worten ist der zweite Teil eine Bitte: »Heilige Maria, Mutter Gottes, bitte für uns Sünder, jetzt und in der Stunde unseres Todes. Amen.« Diese Bitte scheint pessimistisch zu sein. Doch Musiker haben diese Bitte oft so vertont, dass sie voller Vertrauen ist. Und ich habe ältere Menschen erlebt, wie etwa meine Mutter, die sich mit diesen Worten in ein Vertrauen hineingebetet haben, das sich auch vom Tod nicht erschrecken lässt. Diese Bitte ist für viele eine Einübung in ein gutes Sterben geworden und hat ihnen die Angst vor dem Tod genommen. Sie haben erfahren, dass Sterben genauso wie die Geburt mit der Mutter zu tun hat, dass wir im Tod in die mütterlichen Arme Gottes hinein sterben.

Oft beten wir das »Gegrüßet seist du, Maria« für einen anderen Menschen. Dann denken wir weniger über die einzelnen Worte nach. Wir sprechen diese Worte und denken dabei an die Menschen, für die wir beten. Dabei entsteht eine mütterliche Atmosphäre. Wir erleben Gott im Licht des »Ave Maria« als mütterlichen Gott, der für uns sorgt wie eine gute und verständnisvolle Mutter. Wenn ich dieses Gebet bete, denke ich einmal die wunderbaren Vertonungen, die dieses Gebet erfahren hat, von Bach-Gounod, Schubert und vielen anderen. Und ich denke an die vielen Männer und Frauen, die beim Beten dieser Worte Geborgenheit und Vertrauen ins Leben erfahren haben und die dieses Gebet für andere gebetet haben. Es war ihre Weise, an andere zu denken und für andere Gottes Segen zu erbeten.

Rosenkranz

In fast allen Religionen gibt es Gebetsschnüre, im Hinduismus ebenso wie im Buddhisms oder im Islam, wo man eine Gebetsschnur mit 99 Perlen kennt. Mit einer solchen Gebetsschnur zu beten, ist eine für viele Menschen einfache Weise der Meditation und eine Hilfe, um zur Konzentration und in einen gleichmäßigen Rhythmus zu kommen. Man hält den Rosenkranz oder eine Gebetsschnur in den Händen und betet bei jeder Perle das gleiche Gebet, um so immer tiefer in die Ruhe und in die Gegenwart Gottes zu gelangen.

Der Name »Rosenkranz« wird durch eine Legende belegt, die man bereits im 13. Jahrhundert erzählte: Ein Mann hatte die Gewohnheit, eine Marienstatue mit einem Kranz aus Rosen zu schmücken. Eines Tages erscheint ihm Maria und belehrt ihn, es gebe einen »Rosenkranz«, der sie noch mehr erfreuen würde als der Blumenschmuck. Dieser »Rosenkranz« sei das wiederholende Beten von fünfzig Ave Maria. Die Gebete und seine Anrufungen würden in der Hand der Gottesmutter zu Rosen. Und Maria würde daraus einen wunderbaren Rosenkranz flechten. In der Tradition der Kirche symbolisieren die Rosengewächse ja von alters her die Gottesmutter Maria.

Ursprünglich entstand der Rosenkranz in Zisterzienserklöstern. Viele Laienbrüder konnten die Psalmen in Latein nicht verstehen. So beteten sie dafür jeweils ein Ave Maria. Die Zisterzienser verbanden die Ave Maria auch mit einem »Gesätz«, einem Satz aus dem Leben Jesu. So wurde der Rosenkranz zu einer Meditation des Lebens Jesu. Mit den Augen Marias betrachtete man das Leben Jesu unter verschiedener Hinsicht. Es gibt drei verschiedene Rosenkränze: den freudenreichen Rosenkranz, der von der Empfängnis Jesu über seine Geburt und Kindheit bis zum Wiederfinden des zwölfjährigen Jesus im Tempel geht; den schmerzreichen, der das Leiden und Sterben Jesu vom Blutschwitzen bis zur Kreuzigung betrachtet, und den glorreichen, der die Auferstehung Jesu, seine Himmelfahrt, Pfingsten, die Aufnahme Mariens in den Himmel und ihre Krönung zur Königin umfasst. Ein Gesätz besteht aus einem »Vaterunser«, zehn »Ave Maria« mit jeweils der Betrachtung eines Geheimnisses und einem »Ehre sei dem Vater«. Im Zentrum steht für die Rosenkranzbeter also die Meditation der wichtigsten Geheimnisse aus dem Leben Jesu.

Aber es gibt auch eine andere Weise, den Rosenkranz zu beten. Meine Mutter hat sich noch im hohen Alter jeden Tag nach dem Frühstück aufs Sofa gelegt und zwei Rosenkränze für ihre Kinder und Enkelkinder gebetet. Indem sie an Maria und an Jesu Schicksal dachte, sah sie mit Augen des Vertrauens und der Hoffnung auf ihre Kinder und Enkelkinder. Wenn ich für einen anderen bete, fallen mir natürlich nicht ständig neue Worte ein. Der Rosenkranz ist ein guter Weg, für einen anderen zu beten, im Gebet längere Zeit an ihn zu denken und neue Hoffnung für ihn zu bekommen. Das ist also mehr als eine fromme Übung, es stärkt und verwandelt auch meine Beziehung zum andern. Wir erfahren in den Worten dieses Gebets, dass wir selbst voll Gnade und gesegnet sind und ein Segen für andere sein dürfen. Und wir erfahren uns als Menschen, deren Angst vor dem Sterben sich im Beten auflöst.

Der Engel des Herrn

Seit dem 14. Jahrhundert beten viele Gläubigen den sogenannten »Engel des Herrn«. Dreimal – morgens, mittags und abends – läuten die Glocken und laden die Gläubigen ein, den »Engel des Herrn zu beten«. Dieses Gebet galt für viele Christen als eine Art »Volksbrevier«. Die Priester und Mönche beteten das Brevier, wie die Kirche es für die Stundengebete vorgeschrieben hat. Die Gläubigen hielten, sobald die Glocken erklangen, inne, um zu beten. Die Glocken erinnern die Menschen in einer weltlich gewordenen Welt an die eigentliche Quelle, aus der sie leben. Sie erfahren, dass da etwas anderes einbricht in ihre Welt: die Ahnung von dem Gott, der seinen Sohn mitten in unser alltägliches Leben hineinschickt.

Der »Engel des Herrn« meditiert zwei Worte aus dem Lukasevangelium und ein Wort aus dem Johannesevangelium. Die Worte nach Lukas sind Engelworte. In drei Schritten wird das Geheimnis unserer Erlösung entfaltet.

Der erste Schritt: »Der Engel des Herrn brachte Maria die Botschaft, und sie empfing vom Heiligen Geist.« Gott handelt an Maria und möchte auch an uns heute handeln. Er sendet auch uns seinen Engel, damit er uns eine frohe Botschaft verkünde, die Botschaft, dass auch wir vom Heiligen Geist empfangen, dass auch in uns etwas Neues entstehen kann, eine neue Sichtweise auf unser Leben möglich ist.

Der zweite Schritt: »Maria sprach: Siehe, ich bin eine Magd des Herrn, mir geschehe nach deinem Wort.« Maria antwortet auf die Botschaft Gottes durch den Engel. So sollen wir täglich antworten auf das, was Gott heute mit uns vorhat, was er uns heute zutraut. Und wir sollen wie Maria das Jawort sprechen zum Leben, so wie es ist. Wenn wir mit Maria Ja sagen zu unserem Leben, verwandelt sich unsere Perspektive. Wir erklären uns bereit, uns auf den Willen Gottes einzulassen, selbst wenn wir ihn nicht verstehen. Wir üben uns darin ein, das zu bejahen, was heute auf uns zukommt.

Der dritte Schritt: »Und das Wort ist Fleisch geworden und hat unter uns gewohnt.« Hier wird der Vers aus Johannes 1,14 meditiert. Wir gedenken des zentralen Geheimnisses unserer Erlösung. Gott ist Mensch geworden. Er ist jetzt mitten unter uns. Er ist dort, wo wir sind, mitten in unserem Alltag. Wenn wir dieses Wort am Morgen sprechen, so vertrauen wir darauf, dass es kein gottloser Tag sein wird, sondern ein Tag, an dem Gott mit uns ist. Und am Mittag verstehe ich, dass Gott auch mitten in den Turbulenzen und in der Hektik des Alltags unter uns ist und jetzt in mir geboren werden will. Und am Abend gibt mir dieser Vers das Vertrauen, dass Gott selbst unter uns wohnt und ich mich getrost in seine gütigen Hände fallen lassen kann.

Jeder der drei Schritte wird wieder mit dem »Gegrüßest

seist du, Maria« verbunden. Indem wir diese Worte sprechen, denken wir über das Geheimnis unserer Erlösung nach. Und wir denken mit dem Herzen Marias über das nach, was Gott heute Großes an uns tut oder getan hat. Wir schauen mit den Augen Marias auf unser Leben und erkennen, dass Gott auch uns anspricht, dass er uns immer wieder seinen Engel sendet, um uns innere Impulse zu geben, wie wir unser Leben bewältigen können. Das Vertrauen Marias soll unser Vertrauen stärken, dass auch unser Leben gelingt, auch dann, wenn wir manchmal nicht wissen, wie wir auf das reagieren sollen, was täglich auf uns einstürmt.

Ehre sei dem Vater

Der hl. Benedikt mahnt die Mönche, dass sie nach jedem Psalm beten sollen: »Ehre sei dem Vater und dem Sohn und dem Heiligen Geist. Wie es war im Anfang, so auch jetzt und alle Zeit und in Ewigkeit. Amen.« Die Mönche sollen sich dabei aus Ehrfurcht vor dem dreifaltigen Gott tief verneigen. Auch heute beten wir im Kloster dieses Gebet oft am Schluss eines Psalms. Aber auch im Rosenkranz wird es immer wieder gebetet. Wir bitten in diesem Gebet nicht um etwas. Es ist ein Lobgebet, das den dreifaltigen Gott in die Mitte stellt. Wir bekennen in diesen Worten, dass es bei allem Beten darum geht, Gott die Ehre zu geben. Und wir bekennen, dass das am Anfang der Menschheit so war und immer fortdauern wird bis in die Ewigkeit. In diesen Worten bekommt unser Gebet die Dimension der Ewigkeit. Wir stimmen in unserem Gebet und in unserem Loblied ein in das Lob all der Menschen, die von Anfang der Menschheit an zu Gott aufgeschaut haben und ihn mit ihrem Gebet und ihren Opfern geehrt haben. Wir fühlen uns also als Glieder der Menschheitsgeschichte, die bis auf Adam zurückweist.

Morgengebet

Ein altes Morgengebet, das uns die syrische Kirche überliefert, lautet so: »Beim aufgehenden Morgenlicht preisen wir dich, Herr; denn du bist der Erlöser der ganzen Schöpfung. Schenk uns in deiner Barmherzigkeit einen guten Tag, erfüllt mit deinem Frieden. Lass unsre Hoffnung nicht scheitern. Verbirg dich nicht vor uns. In deiner sorgenden Liebe trägst du uns; lass nicht ab von uns. Du allein kennst unsre Schwäche. O Gott, verlass uns nicht.«

Wir können den Morgen mit einem persönlichen Gebet beginnen, in dem wir um Gottes Segen für den Tag und alles, was uns heute erwartet, bitten. Wir können aber auch ein vorformuliertes Gebet beten. Dazu eignet sich dieses Gebet, das aus dem syrischen Christentum stammt. In dem Gebet erheben wir zuerst einmal unsere Augen zu Gott und preisen ihn, weil er unser Erlöser und zugleich der Schöpfer ist. Und dann bitten wir um einen guten Tag, der erfüllt ist mit Frieden. Wir vertrauen darauf, dass Gott uns nicht scheitern lässt in unserer Hoffnung auf einen guten Tag. Und wir bitten Gott, dass er sich nicht vor uns verbergen möge.

Wem selbst keine Worte einfallen für das Morgengebet oder für das Morgenritual, der kann sich auf dieses Gebet stützen. Wenn er es laut betet, dann beginnt der Tag anders. Dann wächst in ihm das Vertrauen, dass Gott ihn begleitet und dass seine Liebe ihn trägt und schützt vor allem, was ihm schaden möchte.

Meine Schwester war einmal tief berührt, als unsere Mutter ihr das Gebet zeigte, das sie jeden Morgen aus dem »Gotteslob« betete. Darin heißt es: »Ich danke dir für diesen Tag. Gib, dass ich ihn ernst nehme: die Aufgaben, die mich heute fordern, die Menschen, denen ich begegne, die Erfahrungen, die er bringt, das Bittere, das mir widerfährt. Lass mich auch dann frei bleiben, wenn mich tausend Dinge in Beschlag nehmen. Lass mich ruhig und gelassen bleiben, wenn ich vor Arbeit nicht mehr ein noch aus weiß. Lass mich dankbar sein für alles, auch wenn dieser Tag mir Mühe bringt.« Meine Schwester spürte, was dieses tägliche Gebet in meiner Mutter bewirkt hat. Sie hat sich jeden Tag darum bemüht, Ja zu sagen zu dem, was sie erwartete. Diese Worte, die sie für sich auswendig gelernt hat, haben sie jeden Tag als Herausforderung erleben lassen, sich auf die Menschen und auf alles, was sie zu tun hatte, mit einem offenen Herzen einzulassen. Ihre Gelassenheit, die sie im Alter hatte, war die Frucht dieses täglichen Gebetes.

Tischgebet

In allen Kulturen gibt es den Tischsegen. Die Juden beginnen den Tischsegen immer mit einem Lobpreis Gottes, der uns die guten Gaben schenkt. Im Buddhismus betet man nicht zu Gott, aber man spricht vor dem Essen Wünsche aus mit der Formel: »Mögen diese Speisen uns stärken. Mögen die, die uns die Speisen bereitet haben, gesegnet sein.« Das Tischgebet zeigt uns, dass das Essen nicht einfach der Sättigung dient. Wir halten vielmehr Mahl. Das deutsche Wort »Mahl« hat die gleiche Wurzel wie »medicus = Arzt«. Es ist also eine heilsame Zeit, miteinander zu essen. Das Tischgebet ist sicher nicht die höchste Form des Betens. Manchmal wird das Gebet auch zur Routine. Und doch gibt uns das Tischgebet ein Gespür dafür, was es heißt, Gottes gute Gaben genießen zu können, Zeit zu haben, miteinander Mahl zu feiern, miteinander dankbar die Speisen in uns aufzunehmen, die uns stärken und zu unserer Gesundheit beitragen.

In meiner Familie beteten wir immer: »O Gott, von dem wir alles haben, wir danken dir für diese Gaben. Du speisest uns, weil du uns liebst. O segne auch, was du uns gibst.« Es ist ein Gebet, das uns die Augen öffnet für das, was wir tun. Wir sind dankbar für die Gaben, die wir genießen können. Wir erfahren, dass diese Gaben Ausdruck der Liebe Gottes zu uns sind, und wir bitten darum, dass Gott diese Gaben segnen möge. Heute analysieren viele das, was sie essen, fragen sich erst einmal, ob es auch gesund ist oder ob da chemische Verunreinigungen sind.

Wenn wir die Speisen segnen, dürfen wir vertrauen, dass sie uns zum Segen gereichen, dass sie für unsere Gesundheit gut sind.

Meine Schwester betet in ihrer Familie ein Gebet, das auch in vielen anderen Familien üblich ist: »Komm, Herr Jesus, sei unser Gast, und segne, was du uns bescheret hast.« Auch dabei geht es um den Segen über das, was uns Gott beschert, geschenkt, gestiftet hat. Es drückt zudem aus, dass wir nicht allein essen. Unsere Mahlzeiten erinnern uns an die vielen Mahle, die Jesus mit seinen Jüngern, aber auch mit Pharisäern, Zöllnern und Sündern gehalten hat. Jesus selbst ist unter uns. Daher sollen unsere Gespräche seinem Geist entsprechen. Das Tischgebet gibt unseren Mahlzeiten eine gute Form. Wir fangen gemeinsam an. Wir stellen das Mahl unter den Segen Gottes. Wir spüren, dass jedes Mahl etwas Besonderes, etwas Heiliges ist. Das gibt unserem Essen eine gesunde Kultur: Einfach nur das Essen in sich hineinzuschlingen, das tut dem Menschen nicht gut. So stopft er nur seine innere Leere zu, anstatt in aller Dankbarkeit die Gaben zu genießen, die Gott ihm geschenkt hat.

Abendgebet

Wenn ich einen Vortrag halte, beschließe ich den Abend oft mit einem Abendritual. Entweder halten wir Gott unsere Hände hin, oder ich lade die Menschen ein, ihre Arme über der Brust zu kreuzen. Ich lade sie dann ein, den inneren Raum der Stille zu spüren. In diesen inneren Raum der Stille spreche ich dann ein altes kirchliches Abendgebet, das schon 1600 Jahre alt ist. Ich habe es nur etwas umformuliert: »Herr, kehre ein in dieses Haus und lass deine heiligen Engel darin wohnen. Sie mögen uns in Frieden behüten. Und dein heiliger Segen sei allezeit über uns und um uns und in uns. Darum bitten wir durch Christus unsern Herrn. Amen.« Und ich leite das Gebet ein mit der Bemerkung: »Diese Worte sind angereichert durch die vielen Erfahrungen von Geborgenheit und Schutz, die die Beter seit 1600 Jahren am Abend beim Beten dieser Worte erfahren haben. Man kann sich vorstellen, dass wir nicht allein diese Worte sprechen, sondern dass viele Menschen hinter uns stehen und sagen: Du bist nicht allein. Wir sind bei Dir. Wir stärken Dir den Rücken. Auch Dein Leben wird gelingen.«

Nach dem Vortrag fragen mich die Leute oft, wo sie dieses alte Gebet finden. Selbst in der so stark säkularisierten Stadt Berlin fragten die Menschen im Anschluss an das Abendritual gerade danach. Sie haben gespürt, dass diese alten Worte am Abend Ruhe schenken und das Vertrauen stärken können, dass wir in der Nacht behütet und geschützt sind. Dieses Gebet wurde früher in der Komplet, also dem kirchlichen Abendgebet, zum Abschluss gebetet. Offensichtlich spricht es uns heute noch an und berührt unser Herz.

In diesem Gebet kommt zum Ausdruck, dass wir nicht allein sind in dieser Nacht, sondern dass Christus selbst bei uns ist, ja dass er nicht nur in unser äußeres Haus einkehrt, sondern auch in das innere Haus unserer Seele. Er kehrt zu uns ein, so wie er damals bei den Emmaus-jüngern eingekehrt ist, um am Abend ihres Lebens mit ihnen zu sein. Und dann geht es in diesem Gebet um die Engel. Das alte kirchliche Abendgebet weiß um die schützende Aufgabe der Engel. Die Engel Gottes mögen um uns sein, aber auch in unserem inneren Haus mögen sie wohnen. Dann sind wir behütet und geschützt. Das ist eine Ursehnsucht, in der Nacht behütet zu sein, nicht nur geschützt zu sein vor Einbrechern, sondern auch vor dunklen und bösen Kräften, die in unser inneres Haus einbrechen möchten. Wir bitten die Engel, dass sie uns vor Träumen bewahren, die uns verwirren und lähmen. Auch in den Träumen mögen die Engel bei uns sein und darüber wachen, dass Gott selbst im Traum zu uns spricht und nicht auflösende und verwirrende Kräfte in uns ein-dringen. Und wir beten um den Segen Gottes, der über uns sein möge wie der Himmel, der über uns wacht; der um uns sein möge wie ein schützender Mantel oder eine wärmende Decke; der in uns sein möge, damit wir selbst zum Segen werden dürfen für andere Menschen.

Es gibt natürlich noch viele andere Gebete, die uns hel-fen können, den Abend in guter Weise zu beschließen. Ich möchte nur eines zitieren, das von Alkuin stammt, der zur

Zeit Karls des Großen maßgeblich die Bildung der Deutschen beeinflusste: »Deinen Frieden, Herr, gib uns vom Himmel, und dein Friede bleibe in unsern Herzen. Lass uns schlafen in Frieden und wachen in dir, auf dass wir vor keinem Grauen der Nacht uns fürchten.« Auch dieses Gebet beruhigt am Abend unsere Ängste und schenkt uns das Vertrauen, dass wir uns im Schlaf in Gottes gute Hände fallen lassen dürfen.

7.

Das gemeinsame Beten – die Erfahrung der frühen Christen

Bisher haben wir nur das persönliche Gebet bedacht. Wir Mönche beten aber täglich drei Stunden gemeinsam. Und auch am Sonntag betet die Gemeinde gemeinsam in der Eucharistiefeier. Es gibt auch sonst viele gemeinsame Formen des Gebetes. Der Evangelist Lukas beschreibt uns in der Apostelgeschichte immer wieder, wie die frühchristliche Gemeinde gemeinsam gebetet hat. Das gemeinsame Gebet war gleichsam das Lebenselixier der Urkiche. Lukas spricht dort fünfundzwanzig Mal vom gemeinsamen Gebet der frühen Kirche. So möchte ich seine Lehre, die er in der Apostelgeschichte vom gemeinsamen Gebet entfaltet, für uns heute fruchtbar werden lassen. Dabei möchte ich acht Aspekte des Betens herausarbeiten, die mir beim Lesen der Apostelgeschichte in die Augen fallen:

Grundlage der christlichen Gemeinde

Wenn Lukas die christliche Gemeinde beschreibt, dann schildert er sie immer als betende Gemeinschaft. Nach der Himmelfahrt Jesu verharrt die Gemeinde einmütig im Gebet und wartet auf das Kommen des Heiligen Geistes. (Apg 1,14) Nach der Herabkunft des Heiligen Geistes heißt es von den ersten Christen: »Tag für Tag verharrten sie einmütig im Tempel, brachen in ihren Häusern das Brot und hielten miteinander Mahl in Freude und Einfalt des Herzens. Sie lobten Gott und waren beim ganzen Volk beliebt.« (Apg 2,46 f) Im Gebet findet die Gemeinde trotz aller Verfolgung von außen und aller Konflikte von innen Halt und Schutz. Sie weiß sich von Gott getragen. Sie weiß Jesus in ihrer Mitte. So erleben die Christen, dass das Reich Gottes schon gekommen ist: Jung und Alt, Arm und Reich, Juden und Griechen, Männer und Frauen sind einmütig im Gebet verbunden. Das Gebet stiftet Gemeinschaft über alle Grenzen hinweg. Im Gebet spielen die verschiedenen Meinungen innerhalb der Kirche keine Rolle mehr. Wenn die Christen miteinander beten, dann erfahren sie trotz aller inneren und äußeren Zerrissenheit Einheit. Und in dieser Einheit spüren sie ihre eigene Identität als gläubige Christen mitten in einer ungläubigen Welt. Solche Erfahrung der Einheit tut den Menschen gut. Sie fühlen sich getragen vom Gebet der Gemeinschaft. Und noch eine Wirkung hat das gemeinsame Gebet: es macht die Menschen beliebt beim Volk. Wenn eine Gemeinde frömmelnd betet oder sich über die andern stellt, dann bewirkt das gemeinsame Gebet in der Umgebung eher Ablehnung. Das Gebet der Urgemeinde ist für uns also eine Herausforderung, auch heute so miteinander zu beten, dass es für die Außenstehenden anziehend und nicht abschreckend wirkt.

Fürbitte für andere Menschen

Die Jünger beten immer, wenn sie andere zum Dienst aussenden. Die Apostel beten für die Diakone und legen ihnen die Hände auf, damit sie ihren Dienst gut verrichten. (Apg 6,6) Und sie beten für Paulus und Barnabas, bevor sie sie zu ihrem Dienst in andere Gemeinden aussenden. (Apg 13,3) Petrus und Johannes beten für die Christen in Samarien, dass sie den Heiligen Geist empfangen möchten. (Apg 8,15) Und die Jünger beten immer, wenn ein anderer krank oder in Not ist. Das Gebet befähigt sie dann, die Kranken zu heilen (Apg 3,1) oder die tote Tabita wieder zum Leben zu bringen. (Apg 9,40) Die Gemeinde betet für Petrus, der im Gefängnis sitzt, und das Beten führt dazu, dass Gott einen Engel zu Petrus schickt und ihn befreit. (Apg 12,5) Wir sollen – so will uns Lukas immer wieder sagen – für andere Menschen beten. Das Beten für andere soll kein Ersatz sein für unser eigenes Handeln. Vielmehr stärkt das Beten unser Tun, damit es auch gesegnet wird. Heilung ist immer ein Wunder. Es schenkt uns Vertrauen und Hoffnung für den andern Menschen, das heilende Wirken des Arztes und des Therapeuten durch unser Gebet zu unterstützen. Beten ist Ausdruck der Liebe für andere Menschen und Ausdruck der Verbundenheit mit ihnen. Und im Gebet dürfen wir immer wieder erfahren, dass Gott auch heute an uns wirkt, unsere Wunden heilt, uns von Fesseln befreit, uns aus dem Gefängnis herausführt. Beten stärkt uns zum Dienst für andere. Für die frühen Christen war das gemeinsame

Gebet eine heilende und befreiende Kraft. Im gemeinsamen Gebet fühlten sich die Christen nicht ohnmächtig in einer christenfeindlichen Umwelt. Sie spürten, dass sie im gemeinsamen Gebet auf Gottes Hilfe vertrauen konnten. Das gab ihnen Hoffnung mitten in einer Welt, die ihnen nicht wohlgesonnen war. Und im gemeinsamen Gebet erfuhren die Christen die Gemeinschaft untereinander, aber auch die Gemeinschaft mit denen, die nicht anwesend waren. Indem die Christen für die abwesenden Brüder und Schwestern beten, nehmen sie sie in ihre Gemeinschaft auf. Trotz der Entfernung fühlen sie sich mit diesen Brüdern und Schwestern innerlich verbunden. Gemeinsam für andere zu beten, ist auch heute eine Form, mitten in dieser anonymen Welt ein gemeinsames Netz zu schaffen, das trägt und aus dem keiner herausfällt. Wenn wir im Beten an alle denken, die am Rand stehen und sich nirgends zugehörig fühlen, dann ist das eine Weise, sie in *unsere* Gemeinschaft aufzunehmen.

Gemeinschaft auch bei Abschied und Trennung

Lukas schildert ergreifend, wie Paulus von der Gemeinde von Ephesus und Milet Abschied nimmt. »Nach diesen Worten kniete er nieder und betete mit ihnen allen. Und alle brachen in lautes Weinen aus, fielen Paulus um den Hals und küssten ihn.« (Apg 20,36 f) Im Gebet nehmen sie Abschied von Paulus. Aber im Gebet wissen sie sich weiter verbunden mit ihm. Das ist ein wunderbares Bild auch für uns. Viele Menschen tun sich schwer, Abschied zu nehmen. Sie fühlen sich allein. Das Gebet ist der Ort, an dem wir uns verbunden fühlen mit dem Freund, der Freundin, dem Ehepartner, den Kindern, die weit von uns entfernt leben. Mir erzählte ein Manager, der während der Woche weit von seiner Familie entfernt arbeiten musste, dass das morgendliche und abendliche Beten für seine Familie ihm eine tiefe Verbundenheit mit ihr geschenkt hat. Das Gebet ist aber auch der Ort, an dem wir uns verbunden fühlen mit den Menschen, die im Tod von uns Abschied genommen haben. Wenn wir das Vaterunser beten, dürfen wir uns daran erinnern, dass die Verstorbenen dieses Gebet immer wieder gesprochen haben, dass sie mit diesen Worten ihren Glauben und ihre Sehnsucht zum Ausdruck gebracht haben. Im Beten fühlen wir uns verbunden mit ihnen, die diese Worte jetzt als Schauende mitsprechen.

Wenn wir einem Menschen, der von uns Abschied nimmt, sagen: »Wir beten für dich«, so ist das keine leere Floskel. Es gibt diesem Menschen das Gefühl, dass er weiterhin zu unserer Gemeinschaft gehört. Wir halten ihn nicht fest, wir lassen ihn ziehen. Aber er weiß, dass wir gemeinsam im Gebet an ihn denken, und dass er in unserem gemeinsamen Gebet unter uns ist und zu uns gehört. Das erleichtert ihm den Abschied. Auch wenn er künftig allein seinen Weg geht, fühlt er sich doch getragen von der Gemeinschaft, die für ihn betet.

Gemeinschaft über die Religionen hinweg

Lukas spricht nicht nur vom Gebet der Christen, sondern auch von dem der Heiden. Cornelius, ein römischer Hauptmann, lebt als Heide fromm und gottesfürchtig. Er »betete beständig zu Gott«. (Apg 10,2) Zur gleichen Zeit, in der Cornelius zu Gott betet, steigt auch Petrus auf das Dach des Hauses und betet. (Apg 10,9) In einer Vision erfährt er, dass er zu den Heiden gehen soll. Als nach der Vision Männer ihn darum bitten, ist er dazu bereit. Das Gebet hat ihn die Gemeinschaft mit allen Menschen erfahren lassen, auch mit denen, die nicht der jüdischen Religion angehören. Paulus hat die Christen verfolgt. Hananias erfährt im Gebet, dass er zu Paulus gehen soll. Es widerstrebt ihm, zu dem Feind zu gehen. Doch der Herr sagt ihm von Paulus: »Er betet gerade.« (Apg 9,11) Das Gebet verbindet alle Menschen miteinander, Freunde und Feinde, die Menschen der verschiedenen Konfessionen und Religionen. Es stiftet Gemeinschaft über alle Unterschiede hinweg. Es ist der Ort, an dem wir Ökumene im wahrsten Sinn des Wortes erfahren: Gemeinschaft über alle Unterschiede hinweg auf der ganzen Welt. Im Gebet wird die Feindschaft überwunden. Da werden alle Menschen eins miteinander. Je mehr wir im Sinne Jesu beten, desto mehr werden die Barrieren zwischen den Menschen und Religionen aus dem Weg geräumt.

Wenn der Judenchrist Petrus mit dem Heiden Cornelius zusammen betet, dann verlangt Petrus nicht, dass der

Heide genau so denken soll wie er. Er betet mit ihm, weil Gott ihn dazu gedrängt hat. Und er macht die Erfahrung, dass der Heilige Geist auf sie herabkommt. Die Juden staunten darüber, »dass auch auf die Heiden die Gabe des Heiligen Geistes ausgegossen wurde. Denn sie hörten sie in Zungen reden und Gott preisen.« (Apg 10,45 f) Das gemeinsame Gebet führt in eine gemeinsame Erfahrung. Juden wie Heiden sind offen für den Heiligen Geist, sie sind offen für das Geheimnis. Sie haben noch nicht das gleiche Glaubensbekenntnis. Aber sie machen dieselbe Erfahrung: dass sie offen sind für ein Geheimnis, das größer ist als sie selbst und das jeder in seiner eigenen Sprache auf andere Weise deutet. Diese Erfahrung verbindet uns über alle Unterschiede der Religionen und Weltanschauungen hinweg.

Beten zu bestimmten Zeiten

Lukas erzählt uns, dass die Jünger zu den bei den Juden üblichen Gebetszeiten in den Tempel gehen, um zu beten. (Apg 3,1; 10,9) Die frühen Christen haben die Gebetszeiten der Juden übernommen. Die Didache, die urchristliche Gebetslehre, entstanden am Ende des 1. Jahrhunderts, fordert die Christen auf, dreimal am Tag das Vaterunser zu beten. Die Mönche haben die Gebetszeiten übernommen, wie sie bei den Juden üblich waren. Und sie haben diese Gebetszeiten vermehrt. Benedikt kennt sieben Gebetszeiten. Sieben ist die Zahl der Verwandlung. Das gemeinsame Gebet, siebenmal am Tag verrichtet, soll die Mönche mehr und mehr verwandeln und sie mit dem Geist Jesu erfüllen. In diesen heiligen Zeiten kommt zum Ausdruck, dass unsere Zeit Gott gehört und dass jede Zeit eine heilige Zeit ist. Das Beten zu den festen Gebetszeiten will uns zeigen, dass wir letztlich unablässig beten sollen, wie es Paulus im Thessalonicherbrief schreibt. (1 Thess 5,17) Indem wir wenigstens zu bestimmten Zeiten beten, haben wir die Gewissheit, dass kein Tag ohne Gebet vergeht. Jeder Tag wird geheiligt durch das Gebet. Und die regelmäßigen Gebetszeiten verwandeln die ganze Zeit. Die Zeit wird für uns zu einer heiligen Zeit, zu einer angenehmen Zeit, zu einer Zeit der Gnade. Sie werden die Zeit nicht mehr als »chronos« erleben, als Zeit, die uns auffrisst, sondern als »kairos«, als Zeit, die uns von Gott geschenkt wurde, als Zeit, in der wir ganz wir selber sind.

Viele Gäste im Kloster fragen mich, ob das fünfmalige Beten zu bestimmten Zeiten für mich nicht eine Last sei. Ich antworte dann immer, dass ich gerne zu den Gebetszeiten gehe. Sie unterbrechen immer wieder meinen Arbeitstag. Und sie geben mir ein Gespür, dass jede Zeit in Gottes Händen steht. Mein Mitbruder, der österreichische Benediktiner David Steindl-Rast nennt die Horen, also die Stunden, in denen wir beten »Engel, denen wir zu bestimmten Zeitpunkten im Laufe des Tages begegnen.« Die Engel der bestimmten Stunden erinnern uns daran, dass jede Stunde ihre eigene Qualität hat, ihr eigenes Geheimnis. So erinnern uns die festen Gebetszeiten, dass Gott in jedem Augenblick gegenwärtig ist. Und wir üben uns in den festen Gebetszeiten in die Gegenwart

Gottes ein. Wir holen uns aus der Zerstreutheit immer wieder zurück in die Sammlung. Wir stellen uns vor Gott, damit wir vor Gott zu uns selbst finden, in unsere Mitte kommen, um so den Tag aus Gott heraus zu gestalten und nicht als Sklaven von äußerem Druck, dem wir in unserer Arbeit oft genug ausgesetzt sind.

Natürlich dürfen die Gebetszeiten nicht zu einer Leistung werden, die man erfüllt. Manche Mönche meinen, sie seien fromm, wenn sie immer am Stundengebet teilnehmen. Die Stundengebete wollen uns darin einüben, zu jeder Zeit zu beten. Ein äußerliches Verständnis des Stundengebetes kommt in der kritischen Frage zum Ausdruck, die eine Oberin an Ruth Pfau, die Nonne und Lepraärztin stellte: »Haben Sie überhaupt Zeit, die Gebetszeiten einzuhalten? Wann beten Sie denn bei Ihrer vielen Arbeit?« Ruth Pfaus Antwort: Man solle sie besser fragen, wann sie *nicht* bete. Wer in jedem Augenblick in Beziehung zu Gott ist und seine Arbeit als Gebet versteht, als Dienst für Gott, dessen Spiritualität hängt nicht vom strikten Einhalten der Gebetszeiten ab.

Das Beten bringt die Welt in Bewegung

Lukas erzählt uns, dass das Beten der Gemeinde den Ort zum Beben bringt: »Als sie gebetet hatten, bebte der Ort, an dem sie versammelt waren, und alle wurden mit dem

Heiligen Geist erfüllt, und sie verkündeten freimütig das Wort Gottes.« (Apg 4,31) Die Situation, in der die Jünger damals gebetet hatten, war von Verfolgung und Bedrängnis geprägt. Die Jünger verloren im Beten alle Angst vor den Mächtigen. Das Beten gab ihnen Mut und Hoffnung, trotz aller äußeren Bedrängnisse zu bestehen. Ihr Vertrauen gab ihnen recht. Das Gebet entfaltete seine Wirkung nicht nur in den Herzen der Beter, sondern es hatte auch eine Wirkung auf den Ort. Der ganze Ort bebte. Es kam etwas in Schwingung. Die Atmosphäre um die Beter herum verwandelte sich. Da war auf einmal die Macht des Gebetes erfahrbar für alle.

Viele Christen haben den Eindruck, dass das Gebet nichts bringt. Wenn sie in der Kirche ihre Fürbitten sprechen, dann erleben sie das manchmal als Alibi für die eigene Machtlosigkeit. Die Welt wird von andern bestimmt und nicht von den betenden Christen. Lukas setzt eine andere Erfahrung dagegen. Wenn wir beten, dann hat das eine Wirkung. Wir können diese Wirkung oft nicht erkennen. Aber wir sollen darauf vertrauen. Oft spüren wir in Kirchen, in denen viel gebetet wird, eine gute und heilende Atmosphäre. Sensible Menschen können in solchen Kirche die heilende Kraft erfahren, die sich darin gespeichert hat. Sie erleben solche Kirche als Kraftorte, als Orte, an denen sie sich geborgen wissen, geschützt und von neuer Energie durchdrungen. Wenn wir gemeinsam beten, sollten wir auch vertrauen, dass das Gebet durch die Mauern der Kirche hinausdringt in die Welt hinein.

Naturwissenschaftliche Forschungen wollen nachweisen, dass das Gebet bestimmte Schwingungen erzeugt, die die Atmosphäre der Welt mit bestimmt. Auch wenn man das nicht empirisch »beweisen« kann, so wollen uns diese Forschungsergebnisse doch ermutigen, dem Gebet zu trauen. Wenn wir gemeinsam beten, dann hat das Auswirkungen auf die ganze Welt, dann wird die Welt um uns herum etwas heller und wärmer. Wir erzeugen eine Atmosphäre, die ihre Kreise zieht. Das Feld menschlichen Denkens und Fühlens wird dadurch verändert. Immer noch gilt: Das Gebet erzeugt ein Beben in der Welt. Die Welt bleibt nicht mehr die gleiche. Es entsteht eine Schwingung, die die ganze Welt verwandelt.

Es gibt die quantenphysikalische Erklärung, dass Gedanken auch die Materie beeinflussen. Die »Feldtheorie« des Biologen Rupert Sheldrake besagt etwa, dass alle Gedanken sich in einem Feld auswirken. Ganz gleich, welche Erklärung man zu Hilfe nimmt, wir dürfen vertrauen, dass das gemeinsame Gebet ein Feld erzeugt, das über die Kirche hinauswirkt. Wenn wir durch eine Stadt gehen und an einer Kirche vorbeikommen, dann können wir uns vorstellen, dass diese Kirche, in der so lange Zeit schon gebetet wurde, eine positive Ausstrahlung auf ihre Umgebung hat. Ein buddhistischer Professor, der in Paris studiert hatte, erzählte mir, dass er sich öfter in eine katholische Kirche setzt, um die Energie zu spüren, die von diesem Raum ausgeht. Und er meinte, er würde diese Energie auch im Umfeld der Kirche spüren. Ich bin überzeugt: Die Kirchen, in denen die christlichen Gemeinden miteinander beten, verwandeln die Atmosphäre einer Stadt, auch wenn viele eher achtlos an den Kirchen vorbeigehen.

Die eigentliche Aufgabe
der Jünger Jesu

Als die Gemeinde immer größer wird und Spannungen zwischen den Hellenisten und Hebräern entstehen, beschließen die Apostel, Diakone auszuwählen. Als Begründung geben sie an: »Wir aber wollen beim Gebet und beim Dienst am Wort bleiben.« (Apg 6,4) Die Apostel sehen also ihre eigentliche Aufgabe im Gebet und im Dienst am Wort. Beides gehört zusammen. Wir können dem Wort Gottes nur dienen, wenn wir im Gebet erfahren haben, was Gott uns wirklich sagen möchte. Wir können das Wort Gottes nur dann angemessen verkünden, wenn wir im Gebet eintauchen in den tieferen Sinn dieser Worte. Das Gebet ist der Ort der Kontemplation, an dem wir still werden und offen für Gottes Geist. Und das Gebet ist der Ort, auf Gottes leise Stimme zu hören. Bei allem sozialen Engagement für andere sollte daher die Kirche insgesamt und sollte jeder einzelne Christ nie vergessen, sich im Gebet der Grundlage seines Glaubens zu vergewissern. Für Lukas ist das Gebet etwas Entscheidendes im Leben des Christen: Er soll nicht aufgehen in der äußeren Arbeit, sondern sich immer wieder auf das Eigentliche besinnen: im Gebet sich dem Geheimnis Gottes und dem Geheimnis der Erlösung durch Jesus Christus zu öffnen. Nicht nur die Gemeinde findet im gemeinsamen Gebet ihre Identität. Auch der Christ erlebt das Geheimnis seines Christseins erst im Gebet. Ein Jünger Jesu zu sein, das ist für Lukas identisch mit: immer wieder beten, im Gebet sich für Gott öffnen, im Gebet eins werden mit Jesus Christus.

Das gemeinsame Gebet der Kirche oder einzelner Christen ist keine Zeitverschwendung, wie manche politische Aktivisten meinen. Die Kirche erfährt ihre Identität im gemeinsamen Gebet. Und bei allem politischen und sozialen Engagement sollte die christliche Gemeinde nie vergessen, gemeinsam zu beten. Das gemeinsame Gebet ist eine Kraftquelle, aus der die Gemeinde dann genügend Energie schöpfen kann, um ihre sozialen Aufgaben in dieser Welt zu erfüllen.

Gemeinsamer Lobpreis Gottes

Im Gefängnis bitten Paulus und Silas nicht um ihre Befreiung. Sondern sie loben gemeinsam Gott und singen miteinander Loblieder: »Und die Gefangenen hörten ihnen zu. Plötzlich begann ein gewaltiges Erdbeben, so dass die Grundmauern des Gefängnisses wankten. Mit einem Schlag sprangen die Türen auf, und allen fielen die Fesseln ab.« (Apg 16,25 f) Im Singen von Loblieder vergessen sie ihre lebensgefährliche Situation im Gefängnis. Denn damals gab es keine Garantie, dass man aus dem Gefängnis lebend wieder herauskam. Im Loben hören sie auf, um sich und ihre Bedürfnisse zu kreisen. Sie vergessen sich selbst und schauen auf zu Gott, der auch mitten im Gefängnis ihr Herr, ihre Erlösung und ihr Schöpfer ist. Das gemeinsame Loben Gottes hat hier eine Auswirkung auf alle Menschen im Gefängnis. Die Gefangenen hören gerne zu. Sie spüren in dem Lobgesang eine eigene Kraft, die sie tröstet und ihnen Hoffnung schenkt. Und die Hoffnung wird erfüllt: Die Fesseln der Angst, die sie gefesselt hatten, fielen von ihnen ab, und die verschlossenen Türen taten sich auf.

Wer verstanden hat, dass Gott der Schöpfer ist und der Mensch sein Geschöpf, der kann nicht anders, als Gott zu loben. Das hat die christliche Tradition aufgegriffen, wenn spätere Textzeugen des Matthäusevangeliums an das Vaterunser noch einen Lobpreis anfügen: »Denn dein ist das Reich und die Kraft und die Herrlichkeit in Ewigkeit. Amen.« Auch wenn dieser Lobpreis nicht von Jesus stammt, sondern in Anlehnung an 1 Chr 29,10 f gestaltet wurde, so drückt er doch etwas Wesentliches unseres Gebets aus: Unser Beten ist immer auch Lobpreis Gottes. Bei allen Bitten, die wir an ihn richten dürfen, damit er uns aus unserer Not errettet und unsere Wunden heilt, sollte jedes Gebet einmünden in das Lob Gottes. Im Lob nehmen wir schon die Erfüllung unserer Bitten vorweg. Wenn wir auf unsere Bitten im Vaterunser antworten: »Denn dein ist das Reich und die Kraft und die Herrlichkeit in Ewigkeit. Amen«, dann heißt das: Wir glauben, dass Gottes Reich, um das wir bitten, schon da ist. Wir glauben daran, dass Gott seine Kraft, seine »dynamis«, seine Energie in diese Welt einfließen lässt, dass hinter aller anscheinenden Gottesferne seine heilende Nähe schon wirkt und dass in der Tiefe des Kosmos seine Energie am Werk ist, um diese Welt immer mehr mit seinem Geist zu durchdringen. Und wir schauen im Beten auf Gottes Herrlichkeit, die schon da ist in der Natur, in der Schönheit der Kunst, und die auf dem Antlitz des Menschen aufleuchtet. Im Loben drücken wir unser Vertrauen aus, dass Gott schon der Herr ist über diese Welt, dass die Welt in seinen väterlichen und mütterlichen Armen ruht und dass das in Ewigkeit so bleiben wird. Wir haben jetzt im Gebet mitten in den Bedrängnissen unseres Lebens schon teil an der Erfüllung und Vollendung, die uns einst im Himmel in seinem unverhüllten Glanz zuteilwerden wird.

Loben ist zwar eine Art des Betens, die der einzelne auch für sich üben kann. Aber die Kraft des Lobens kommt erst zur Geltung, wenn wir gemeinsam Gott loben. Ich kann mich erinnern, wie intensiv es mich berührte, als bei einem Kirchentag etwa zehntausend Leute am Ende meiner gemeinsamen Bibelarbeit mit Hans-Jürgen Hufeisen in einer Messehalle das Lied »Großer Gott, wir loben dich« sangen und die Halle wirklich bebte. Und es ging eine Kraft von diesem gemeinsamen Lobgesang aus, die alles erfüllte. Da wurde erfahrbar, was damals im Gefängnis von Philippi geschehen war: dass die Mauern der inneren Gefängnisse von Angst und Zwang bebten, dass Türen in verhärteten Menschen sich öffneten und sie in Berührung kamen mit ihrem Herzen, mit ihrer Sehnsucht nach dem Gott, der uns aus aller Not befreit.

Schluss

Während des zweiten Weltkrieges ging das Gedicht von Reinhold Schneider, das mit den Worten »Allein den Betern kann es noch gelingen, das Schwert ob unsern Häuptern aufzuhalten« beginnt, an viele Soldaten an der Front, die in der Situation von Leben und Tod sich an dieser Hoffnung festhielten. Reinhold Schneider, der diesen Text schon 1936 schrieb, hatte kein Vertrauen in die Politik. Allein dem Gebet schrieb er die Macht zu, diese Welt zu verwandeln. Noch im Jahre 1951 hat Reinhold ein kleines Buch mit dem Titel »Die Beter« geschrieben. Dort schreibt er voller Zuversicht, »dass wir Geschichte in ihrem Angewiesensein auf die Gnade nimmer begreifen werden, eh wir nicht die verborgenen Beterscharen schauen werden von Angesicht«. (Reinhold Schneider, 5) Für Reinhold Schneider gehören Beten und Tun zusammen: »Beten und Tun sind nicht voneinander zu trennen. Wie sollte eine Tat gelingen ohne Gebet? Wie sollte ein starker Beter nicht die Kraft empfangen zur Tat?« (Ebd 4)

Jahre später ist von diesem Vertrauen auf das Gebet bei Reinhold Schneider nicht mehr viel zu spüren. In seinen erschütternden Notizen in dem Buch »Winter in Wien« ringt er mit seinem Glauben angesichts der Grausamkeiten in der Natur und mit seinen eigenen depressiven Stimmungen.

Geht es uns heute genauso wie Reinhold Schneider? Ist uns das Vertrauen in die Macht des Gebetes verloren gegangen? Sinnen wir nicht viel lieber rationale Argumente aus, um die Unmöglichkeit und Unwirksamkeit des Gebets zu beweisen? Doch verstoßen wir mit all diesen Argumenten wider das Gebet nicht gegen die Weisheit unserer Seele?

Ich traue der Weisheit der Seele. Sie zeigt sich darin, dass alle Religionen das Gebet kennen. In allen Religionen wendet sich der Mensch im Gebet an Gott, er öffnet sich vor ihm, er bittet ihn, er lobt ihn und dankt ihm für sein Dasein als Geschöpf. Zu allen Zeiten hat der Mensch gebetet. Das Gebet war nicht einfach Beruhigung seiner Nerven oder eine Flucht vor der eigenen Ohnmacht. Das Gebet entspricht der tiefsten Sehnsucht des Menschen, dass er sich in allen Lebenslagen, in Freude und Leid, in Glück und in Not an Gott wenden kann. Wir können uns ja vorstellen, wie es wäre, wenn wir das, was uns im Tiefsten bewegt, nur uns selbst oder einem Menschen sagen könnten, aber nicht dem, der über allem steht, dem, der all das geschaffen oder zugelassen hat, was wir oft nicht verstehen. Wenn wir für das, was uns unbedingt angeht, keinen Adressaten haben, dann fühlen wir uns allein auf dieser Welt. Dann erscheint uns diese Welt absurd. Wir müssen sie einfach nur hinnehmen, ohne unsere Klage, unsere Hoffnung, unsere Zweifel, unser Vertrauen ausdrücken zu können.

So war es mir ein Anliegen, Ihnen, liebe Leserin, lieber Leser, einige Wege zu beschreiben, wie wir beten können. Es sollte eine kleine Gebetsschule sein und ist im Blick auf das Vorbild Jesu doch auch eine kleine Einführung in das spirituelle Leben geworden, weil Beten das ganze Leben berührt. Die Jünger Jesu waren überzeugt, dass ihr Meister sie lehren könnte, zu beten. Zum Lehren gehört das Lernen. Sie vertrauen darauf, dass sie in der Schule

Jesu das Beten lernen könnten. Sie haben natürlich schon immer gebetet. Als fromme Juden kannten sie die Psalmen. Als fromme Juden haben sie jeden Morgen und jeden Abend gebetet. Aber sie hatten das Bedürfnis, bei Jesus selbst in die Schule zu gehen. Denn sie waren fasziniert von seiner Art zu beten. Sie hatten beobachtet, wie Jesus eine ganze Nacht lang sich zum Gebet zurückziehen konnte oder wie er an einem einsamen Ort für sich betete. Da wollten sie von ihm erfahren, wie sie in ähnlicher Weise beten könnten. Jesus hat sie gelehrt durch Worte, durch Gleichnisse. Aber er hat es ihnen vor allem selbst vorgemacht, wie er betet. Der Evangelist Lukas hat Jesus als den großen Beter geschildert. Und er möchte uns mit seinem Evangelium und seiner Apostelgeschichte Wege aufzeigen, wie unsere christliche Existenz ganz und gar vom Geist Jesu her geprägt werden könnte. Das Gebet ist für Lukas der Weg, immer mehr in den Geist Jesu hineinzuwachsen, seine Gestalt zu verstehen, ihm ähnlich zu werden, zu dem gerechten Menschen zu werden, als den Lukas uns Jesus dargestellt hat, zu einem Menschen, der sich im Gebet auf Gott hin ausrichtet, um so gerecht und richtig leben zu können. Und das Gebet ist für Lukas der Weg, mit dem göttlichen Leben erfüllt zu werden, das Jesus Christus ausgezeichnet hat.

Die Gebetsschule, in die Jesu Jünger gegangen sind, hat den hl. Benedikt dazu bewogen, »eine Schule für den Dienst des Herrn« zu errichten. Was er von seiner Schule im Dienst für den Herrn schreibt, das gilt auch für die Gebetsschule. Am Anfang erscheint uns der Weg oft eng und wenig anziehend. Doch wer nicht aufgibt, sondern den Weg des Gebets weiter geht, »dem wird das Herz weit, und er läuft in unsagbarem Glück der Liebe den Weg der Gebote Gottes«. (RB, Prolog 49) Der Weg des Gebets ist keine Stufenleiter, auf der wir Stufe für Stufe hochklettern. Es ist ein Weg, auf dem wir immer weitergehen, ohne zu bewerten, wo wir gerade angekommen sind. Beten ist auch Einübung in ein ständiges Gehen hin zu Gott. Doch auf diesem spirituellen Weg wird das Herz weit. Und wir erfahren das Gebet als Wohltat, als ein inneres Glück der Liebe, oder wie Benedikt es lateinisch ausdrückt: »inenarrabili dilectionis dulcedine«, »in unbeschreibarer Süßigkeit der Liebe«. Das Gebet atmet den süßen Geschmack von Liebe. Selbst wenn wir in der Klage oft unsere Bitterkeit vor Gott ausbreiten, so besteht doch die Hoffnung, dass unser Gebet immer mehr den Geschmack von Liebe, Freude, Weite, Lebendigkeit und Frieden atmet. Das wünsche ich Ihnen, liebe Leserin, lieber Leser, dass Sie etwas von dieser Erfahrung an sich erleben, die der hl. Benedikt dem verheißen hat, der in die Schule Jesu Christi geht.

Literatur

Evagrius Ponticus, Praktikos. Über das Gebet, übers. von John Eudes Bamberger und Guido Joos, Münsterschwarzach 1986.

Anselm Grün / Michael Reepen, Gebetsgebärden, Münsterschwarzacher Kleinschriften, Münsterschwarzach 1988/2002.

Anselm Grün, Gebet und Selbsterkenntnis, Münsterschwarzacher Kleinschriften, Münsterschwarzach 1979.

Anselm Grün, Gebet als Begegnung, Münsterschwarzacher Kleinschriften, Münsterschwarzach 1990/2001.

Romano Guardini, Vorschule des Betens, Mainz 1948.

Carl Gustav Jung, Briefe Band 3, Olten 1973.

Bernhard Heininger, Metaphorik. Erzählstruktur und szenisch-dramatische Gestaltung in den Sondergleichnissen bei Lukas, Münster 1991.

Johannes Climacus, Die Leiter zum Paradiese, übers. v. einem kath. Geistlichen, Regensburg 1874.

Emmanuel Jungclausen, Suche Gott in dir, Freiburg 1987.

Johann B. Metz / Karl Rahner, Ermutigung zum Gebet, Freiburg 1980.

Karl Rahner, Gebete des Lebens, hg. von Albert Raffelt, Freiburg 1987.

Reinhold Schneider, Die Beter, Freiburg 1951.

David Steindl-Rast, Die Musik der Stille. Mit Gregorianischen Gesängen zu sich selbst finden, München 1995.

Rudolf Walter (Hg.), Sich auf Gott verlassen. Erfahrungen mit Gebeten, Freiburg 1987.